看谁听你的

★ Get Anyone To Do Anything ★

〔美〕大卫·李柏曼◎著　苏　西◎译

重庆出版集团　重庆出版社

图书在版编目(CIP)数据

看谁听你的 /〔美〕李柏曼著；苏西译. —重庆：重庆出版社，2010.6
书名原文：Get Anyone To Do Anything

ISBN 978-7-229-01968-6

Ⅰ.①看… Ⅱ.①李… ②苏… Ⅲ.①心理学－通俗读物 Ⅳ.①B84-49

中国版本图书馆CIP数据核字(2010)第054096号

看谁听你的
KAN SHUI TING NI DE
〔美〕大卫·李柏曼 著
苏 西 译

出 版 人：罗小卫
策　　划：中资海派·重庆出版集团科技出版中心
执行策划：黄 河 桂 林
责任编辑：温远才 朱小玉
版式设计：袁青青
封面设计：郭 鹏 郑少媚

重庆出版集团 重庆出版社 出版
(重庆长江二路205 号)

深圳市鹰达印刷包装有限公司制版 印刷
重庆出版集团图书发行有限公司 发行
邮购电话：023-68809452
E-MAIL：fxchu@cqph.com
全国新华书店经销

开本：787mm×1 092mm 1/16 印张：11 字数：163千
2010年6月第1版 2010年6月第1次印刷
定价：26.80元

如有印装质量问题，请致电：023-68706683

权威推荐

大卫·李柏曼的这些技巧简明扼要，非常有用，它们全都源自于对人类心理大量而全面的研究。

——《出版商周刊》

你有没有梦想过，不管你的主意听起来有多疯狂，你也能说服别人？用上本书的说服策略，你就可以做到！

——《悦己》杂志

这本畅销全美国的作品颠覆了所有的规则，是成功人士的必读书。大卫·李柏曼博士充分利用了人类行为学领域最新的研究成果，他专业的心理学技巧，将一步一步地指引你在各种处境之下取得显著成果。

——易文网

全美国都应向李柏曼博士致以深深的敬意。他的方法用起来那么简单，却那么有效，让我们的儿童救助工作变得容易多了。

——西蒙娜·斯彭斯，斯彭斯基金会创始人

（因积极参与儿童救助工作而荣获参议院嘉奖，并被评选为20世纪90年代的杰出女性）

这本书基于人类心理的充分研究，仔细地读每一行字，你将获益匪浅。无论在何时何地，面对什么样的人，你都将能从容应对，表现得更加出色。我相信你再也找不到这么好的书了！

——唐纳德·米切尔博士

前　言

你是否总在受人愚弄、被人利用？甚至说的话没人听，得不到起码的尊重和应有的配合？你肯定早就受不了了！如果你曾期望拥有掌控谈话和局面的能力，现在，你的机会来了。为什么要被别人牵着鼻子走呢？运用最伟大的心理学秘诀，你完全可以让事情朝自己期望的方向发展——只要愿意，你就可以让任何人做任何事！

现在，你进入了一个心理学的王国，识别谎言、改变他人心意、控制局面——在这里，这些都会被凝练成一个个易学的公式，组合成一些简单的策略。

只要运用最完善、最先进的心理学策略，你的心智将变成最有力的武器。不过，最激动人心的是，本书谈论的不是仅仅适用于某些场合、某些人的“花招”，而是具体的心理学策略。这些建立在具体的心理学法则基础上的策略适用于任何时间、任何地点中的任何人——能让你变得比别人更聪明、更敏捷、更优秀。

想想看，如果能够预测并控制所有事情的结果，生活会变得多么容易！通过运用这些经过验证的、快速见效的心理学策略，你可以在任何情况下赢得每个人全心全意的合作，再也用不着为接下来要发生的事情而感到惴惴不安了。

万般无奈地求人帮忙，对方竟然爽快地答应了；本来对自己并不自信，结果却发现对方觉得你魅力四射——你深感意外，怀疑这是自己运气好，要不就是因为人家心情好。事实上，这很有可能是因为你无意间所使用的一些心理学技巧。而且，这些技巧总是屡试不爽。

为了能让你轻松地掌握心理学秘籍，我按照不同的生活问题将本书分成了5章。最妙的是，一旦掌握了它们，你会发现：自己竟然可以在任何时间、任何场合成功地运用。

准备好了吗？让生活变得轻而易举，事事称心如意——你可以让人们做任何事情，再也不会觉得自己束手无策！

如何使用本书

如果生活可以变得既轻松又容易，你最希望改变哪些方面？在任何场合下都知道如何避免被人操纵、利用？用一句话就能制止冲突？知道如何领导、影响和激励别人？快速地结交朋友？还是迅速改变他人对你的看法？简而言之，只要掌握了最妙的心理学方法，就可以在每个领域都获得成功，这样，你也就会拥有一个轻松无比的人生！

第 1 章　六大攻心计　让你成为人见人爱万人迷

想要取得成功，你经常都需要别人的配合。想要人们按照你的意思行事，首要法则就是：让他们喜欢你。不管你是想结交新朋友，还是想找到同盟军，一些心理学方法会一步步地教你变成"万人迷"，让每个人都喜欢你。爱情方面，如何通过心理学策略让自己魅力逼人、令人不可抵挡？一旦恋情开始，怎样用这些心理学妙计让你永远在感情中占据主导地位？

第 2 章　五大透视术　教你一眼看穿人心

想要自己的人生一帆风顺，除非让那些并不真正关心你的人不再操纵或愚弄你。那你必须学会"看穿"别人，轻松辨别谁是真心为你好，谁又只不过是想利用你。第 2 章的技巧可以让你马上觉察到是不是有人想利用你。这样，不论在生活中还是事业上，你都不会因为错信别人而变得失败无助了。

第3章　九大引导手法　让别人听你的

想要事情的发展称心如意，你就要学会控制场面。想轻而易举地影响别人，让别人理解你、同意你，并按照你的说法去做？在第3章，你将学会这些技巧。如何让某个人或某群人都相信你、追随你？第3章也将让你掌握这一秘诀。不管是要改变一个人还是想领导一群人，你都要运用这些能支配人类天性的先进工具，从而让别人听你的。

第4章　两大制胜秘诀　让你永远是赢家

有时候，你不是通过说服来让某人站到你这边，而是要靠竞争。运用绝妙的心理学策略，便能帮你赢得一切竞争。不论是一场网球比赛、一个工作机会，还是追求一个窈窕淑女，只要你一出手，就一定会赢。第4章会教你怎样把心智变成最强大的武器，成为无坚不摧的心理勇士。

第5章　十七项应对妙招　生活不再有难题

要是每个人都像你一样友善，一样好相处，世界就完美了！但虽然话是这么说，可有些人就是很难相处，你也很难和他们熟络起来。第5章能帮助你应付生活中的烦心事——小小的一条心理学策略，产生的功效却不小。不论你是想让人家回电话，还是想获得别人的原谅，这些方法都非常适用。他们能让你的生活变得轻松惬意！

目　录

contents

第1章

六大攻心计

让你成为人见人爱万人迷

美丽使你引起别人的注意，睿智使你得到别人的赏识，而魅力，却使你难以被人忘怀。

——索菲娅·罗兰

从现在开始，你就要探索某些心理学规律了，它能影响别人对你感兴趣的程度。你会看到，让别人喜欢你（或者讨厌你）是多么轻而易举的事。由于这些策略以人的天性为基础，你可以不费吹灰之力就收获持久又可靠的友情和人际关系。不过，要记住，这并非有意操纵，更不是挖空心思让人家喜欢上你。实际上，你只是通过一些心理学技巧，诱发出人和人之间自然的“化学反应”，并让它持续发展下去。

好，问题来了，“如果只是想要引发‘自然’的化学反应，那还有必要学习这些方法吗？该发生的就会发生，顺其自然岂不更好？”乍一看，这问题似乎很有道理——且听我解释。

寻找归属，结交朋友，关心别人，这是每个人的天性。但是有时，让一个人流露真情、将真实的自我表达出来是很难的。虽然每个人都有想与他人接触，想去喜欢、去爱别人的渴望，但是大部分人会对此感到害怕，总会有些混杂的情绪、态度和信念阻碍人们去表达这些与生俱来的渴望：怕被拒绝、怕受伤害、自负、嫉妒……这些还只是其中的一小部分。本书所讲的心理学方法，只是去影响一个人的自然状态而已。只要能够去爱，可以付出或帮助他人，我们的感觉就会很好。这不是牵着别人的鼻子走，让别人什么都听你的，而是让我们潜在的渴望浮出水面。

攻心计 1
让他主动靠过来

到底是哪些难以捉摸的个性和特征能够赢得他人的好感和友情？很快你就会发现，这些特质其实并不难以捉摸。实际上，你可以总结出一条能跟任何人擦出火花的简单公式。

事实上一个人喜不喜欢另外一个人绝非偶然，它是建立在潜意识里一套严格的决策程序上的。但是，由于完全察觉不到它的存在，我们就以为这背后没什么道理。这个想法真是大错特错。下面我们就来看一个完整的清单：9大心理学法则。它们能够影响甚至改变我们对他人的看法。所以，你也可以用这些法则来让任何人喜欢上自己。

但同时请记住，有研究显示：我们对某人的好感会影响我们对其外貌的评判；而如果我们觉得一个人在外貌上很有魅力，那我们也会更喜欢他一点。因此，这一章和下一章是紧密相关的，完全可以结合起来使用。

心理学法则 1：关联

这本书全部讲的都是人和人之间的关联，但是在这一段，“关联”这个词另有所指。简单说吧，如果你和某件令人心情愉悦的事结伴出现在别人眼前，那个人就会把那种愉快的感觉和你关联在一起。比如说，你正准备出去度假，那么不管看见谁，你都会把“要去度假”的愉快心情跟他关联起来，而你对那个人的好感自然就会多一点儿。相反，研究指出，要是你正在肚子痛，那你对周围人的好感度就容易变低，他们无意中成了“关联”的牺牲品。当然了，虽然产生好感远不止“和好事一同出现”这么简单，但这可以让他人对你产生强烈的情绪——不管是好是坏。

所以，**想要让某个人喜欢自己，那就趁他高兴的时候和他说话**。他会把当时的好心情和你相关联，然后就会对你产生好感。

提醒

想看出别人的情绪好坏并不难。但如果有时你不确定，那就观察他的脸。

- 如果他情绪很好，多半会冲你真诚地微笑，眼睛会睁得大大的。要是他只是动动嘴角，五官根本都没配合，那只能算是客气的表示。通常，这种表情意味着此人情绪不佳。
- 眼神的接触最容易反映情绪状态。如果我们心情很好，就更容易直视对方。相反，情绪很糟的时候，我们就会往下看，或是躲开对方的目光。

心理学法则 2：日久生“情”

人们常常相信一句俗话，“亲不敬，熟生蔑”。可这句话其实不对。现实甚至与之恰好相反——无数的研究结果表明，你和某人接触得越多，他就会越喜欢你。

根据莫兰德（Moreland）和扎荣茨（Zajonc）1982 年的研究，只要第一印象是正面的，重复出现会提升好感度。重复出现的主角可以是任何东西：一个人、一个地方，甚至是某样产品。露面的次数越多，对方反应就越积极。这就是为什么有时候广告里头只出现产品图片或名称，却不说产品有什么特点，也不说产品能给你带来什么好处。生产商不需要说这东西有多好，只要让我们记住产品形象就行。广告商和政客们早就深谙此道——只要重复曝光，就能够增加产品销量或者拉到选票。研究表明，比起其他的字，你会更喜欢自己姓名中含有的那几个字——日久生“情”的力量之强由此可见一斑。

所以，仅仅是经常出现在某人面前，就能加深他对你的好感。有时我们误以为，要博取好感就应该以神秘的、若即若离的姿态出现在他人面前，但这恰恰减少了互动的机会。经常出现在身边的人更容易和我们进行互动，所以我们便更容易喜欢上他们并和他们做朋友。（顺便说一句，不用担心什么“物以稀为贵”，除非你希望对方迷恋上你！喜欢和迷恋完全是两回事——这个稀缺定律我们会在后文提到。）

心理学法则3：“两情相悦”

无数研究（和常识）表明，要是对方喜欢我们，我们就会更容易喜欢对方。所以，当我们发现某人认为我们不错的时候，下意识我们就会觉得这个人也挺好的。因此，必须要让你的“目标”知道你喜欢他，尊敬他——当然，你得真的喜欢他尊敬他才行。

要是他压根儿就不喜欢我怎么办？奇怪的是，研究发现，一个如果一开始并不喜欢你的人，后来渐渐地对你有了好感，那么，比起一开始就喜欢你的情况，他对你的好感反而会更多。记住，如果你跟他的关系不怎么样，千万不要让情况来个180度的大转变——恨不得一下子就把他变成你最好的朋友。研究显示，逐渐产生的好感绝对比“立即打得火热”更有效。所以，不要过头，用不着一下子就变成他的头号粉丝。应该平稳渐进地使用“两情相悦”这个方法，让他逐渐感到你对他的印象还不错。

心理学法则4：相似生好感

有人认为异“性”才会相吸（这里说的是性格），其实这是错的。事实上，我们更喜欢和自己个性相似的人。虽然有时候对方与自己的性格差异会勾起我们的好奇心，但是，“相似性”和“共同点”才会使双方产生好感——这就是所谓惺惺相惜。跟他说话的时候，聊聊你们的共同爱好和兴趣吧。

跟这个道理很相似的是“一起同过窗，一起扛过枪”。一同经历过人生起伏的人特别容易产生深厚感情。比如说，在一个战壕里共过生死的战友，新生入学时一起被人捉弄过的同学，往往会结下牢固的友谊。就算你们没有真的共同经历过，只要有过类似经历，这条法则也适用。正是因为这个，两个素不相识但有过相似经历的人特别容易见面就熟——不管是生过一样的病，还是都中过彩票。“他明白我的感受”，这个念头会引发出温暖的情感。这是因为，人人都渴望得到理解，那个重大事件很可能造就了今日的他，而拥有相似经历的人会感同身受。

心理学法则 5：让对方感觉良好

别人对你印象如何，很大程度上取决于你让他产生怎样的自我感觉。你可以整天想法子让他喜欢你，让他对你产生好印象。可是，真正起作用的是他自己的感觉，而不是你的努力。你有没有发觉，如果一个人发自内心地称赞你，对你热情又友好，你心里头是不是特别舒服？反过来也一样，假如有个人看谁都不顺眼，见什么都挑刺，好像要把别人的生命力都吸干似的，你愿意跟这种人待上 5 分钟吗？做个让别人感觉良好的人，你的人缘会大大提升。

心理学法则 6：创造和谐

和谐会创造信任，会在你和对方之间架起一座心理上的桥梁。如果两个人十分“同步”，那就很容易相谈甚欢。就像我们容易喜欢上兴趣爱好跟我们一样的人，我们也会下意识地喜欢一个行为举止像我们的人。也就是说，如果有人做出你惯做的手势，或是说话用词跟你很像，你就比较容易喜欢他。这本书里还会有很多地方讲到创造和谐的技巧。现在，先介绍两条很有用的小贴士。

- 模仿肢体语言：比如说，如果对方一只手插在兜里，你也这样做；如果他做了个手势，过一会儿，你也不露痕迹地照样做一个。

◆ 模仿语气语调：跟他的语速同步。如果他说话慢悠悠的，很放松，你就放慢语速；如果他语速很快，那你也相应加快。

心理学法则7：让他为你做件事

对人类天性的研究发现，人们在伤害别人之后，会变得更加不喜欢对方。请注意，我不是说人们可以去伤害自己不喜欢的人，尽管这有可能是真的。但我的意思是，当我们伤害了别人，不管是有意的还是无意的，潜意识都会让我们不喜欢对方。这种反应是为了减低内心的冲突。因为依照认知不协调理论，当我们的行为与对自我的认知不符合的时候，我们就会觉得不舒服。所以，为了减低这种内在冲突，我们就会给自己的行动找个理由，好跟自我认知保持一致。这时候我们内心的冲突是，"我怎么会对人家做这种事？"随即我们开始找理由："肯定是因为我不喜欢他，是他活该。否则，干出这么狠心的事，我岂不成了坏蛋？我才不是坏人呢。"反过来也一样。如果我们对别人做了件好事，我们心里就会多喜欢他一点。如果我们给对方帮了个忙，我们很可能对他印象更好了。

如果你要求他给你帮个小忙，他心里会对你产生温暖友好的感觉。可是，我们往往做反了：想让别人喜欢我们，我们就去给他帮忙。他或许会感激你，觉得你这人不错，可是这不会让他更喜欢你，尽管你看似更招人喜欢了。你想要的，是让他对你产生好感，而不仅仅是觉得你是个好人。你应该让他为你做件事，而不是为他做事。

心理学法则8：偶像也是人

阿伦森（Aronson）、魏勒曼（Willerman）和弗洛德（Floyd）在1966年的研究表明，看到你崇敬的人做了件傻事，你会更喜欢他。这跟人们想的恰恰相反。一个处处完美无缺、自信满满的形象并不会带来你想要的结果，也就是说，这很少能让别人更加喜欢你，或是正面地看待你。**如果你想招人喜欢，不妨惹出点小小的尴尬，然后自嘲一下**。别装得像没事人似的，也别装做没看见。自嘲一下，幽自己一默，这是个赢得好感的绝妙办法。

别拿自己太当回事——这会拉近你和他人的距离，让他们喜欢待在你身边。没人喜欢装腔作势的人。只有特别自恋、处处在意自己形象的人才会装出一副十全十美的样子。人们通常都不喜欢以自我为中心的人。让人看看你可以自嘲，这绝对会帮你赢得好感。而当我们想摆酷，或是凸显自己的重要性时，别人反而会觉得我们太拿自己当回事，这种没有底气的自信其实是很不得体的。

对于这种天性，很多人不理解。我们的确喜欢自信的人啊，我们会被他们深深吸引。但要知道，真正自信的人用不着到处宣扬自己有多伟大，他会让别人自行发觉。然而，自夸又傲慢的人实际上内心很怯懦，我们往往在直觉上就不喜欢他。内心自信又安全的人不会惮于自嘲，他不怕人家知道他也是人。所以，你瞧，这根本不冲突。**别太拿自己当回事，正视自己的错误和毛病，这正是自信的表现。**

心理学法则9：态度积极

之前我们讲到，我们喜欢跟自己相像的人。但是有一条例外：没人喜欢闷闷不乐、容易发火、整天惨兮兮的人。我们都喜欢开朗又积极的人。为什么？因为我们自己想要那种感觉。看到别人身上有这种特质，会让我们更喜欢他。你或许认识某个人，甚至你自己就是——讨厌那种一起床就乐颠颠的人，可事实是，某种程度上我们的确会被那种态度吸引。想想那种真正让你没法容忍的人吧，他们恰恰就是那种抱怨不停、烦这烦那、到处找碴儿的人。和自信一样，积极的人生态度才能令你焕发出超凡魅力，让你变成万人迷。

等等！难道惨兮兮的人就没伴儿吗？当然不是。悲惨的人喜欢找跟他一样惨的人做伴。但是，这并不等于他喜欢那些人。惨兮兮的人喜欢跟另一个惨兮兮的人凑在一块儿，互相诉苦，可是一旦他心情好了，他会马上甩开那个烦人的伴儿。这是因为他从来也没喜欢过那个人（至少不会因为这种相似性而产生好感），他喜欢的只是分享心情。

总　结

- 尽可能地出现在他身边，因为熟悉会使对方对你产生好感，而非轻慢！
- 趁他心情好的时候跟他说话，用上关联法则。谈谈你们的共同爱好和经历，多听，少说。
- 使用“好感互生”法则，如果你尊敬他喜欢他，就让他知道。
- 请他给你帮个小忙，但是别弄得好像人家就该义务给你帮忙似的。他给你帮了小忙，就会让他无意间更喜欢你一点。
- 配合他的手势和语音语调，在你们两人之间架起心理桥梁，创造和谐氛围。
- 我们会被充满自信的人吸引。敢于自嘲，别把自己太当回事，这些都可以展现你的自信。
- 让对方感觉良好。发自内心地称赞对方，对他热情友好。
- 拥有积极的心态。因为我们更容易喜欢生气勃勃、开心快乐、充满激情的人。
- 我们都会喜欢有魅力的人——不管是同性还是异性。

攻心计 2

从小地方塑造无穷魅力

尽管我们对外在美有不同的评判标准，但下面讲到的方法能帮你把最美的一面充分展示出来，增强对别人的吸引力。这是怎么做到的呢？你是否曾和完全不符合自己口味的人约会过？你为什么会这么做？那是因为他或她使用了这些法则（多半是无意识的），于是你就觉得对方散发着令你无法抵挡的魅力气场。

如果你想要吸引某人，那就用上前一章里讲的“好感”法则，然后再用这一章里讲的技巧乘胜追击。无数研究结果和真实生活中的例子都告诉我们，我们越是喜欢对方，就越觉得对方有魅力。尽管下面讲的主要是爱情魅力法则，但不得不说，我们很少会认为自己不喜欢的人有魅力。所以，综合运用前一章的法则和本章的技巧吧，设计一个威力无边的魅力提升总攻略！

技巧 1：情绪唤起作用

比起漂亮的发型、齐备的行头，或是令人艳羡的好工作，单是这一条，就能帮你赢得更多约会。这是人类行为的基本规律：身体产生肾上腺素的时候，就会觉得周围的人很有魅力，从而产生性欲。任何激动的情绪唤起都能产生肾上腺素，比如恐惧、激动、体育运动等等。而肾上腺素能够唤起并增强激情（这种说法建立在假设魅力这东西是存在的基础上）。

不管任何时候，只要一个人的情绪被唤起，比如看了恐怖电影，坐了过山车，甚至只是参加了体育锻炼，他高涨的情绪就会被部分归功于他身边的同伴，不管同伴是谁。事实上，他会产生移情作用，也就是说，他的激动情绪会无意识地转化成性的欲望。下次，要是你看到“视觉效果”上完全不登对的一对儿，不妨问问他们是在哪儿相识的。在唤起作用强烈的情境下相识的概率会很高……或许是在健身房，或许是其中一个（长得较好看的那一个）忧虑紧张或是激动万分的时候。

提醒

如今，电子游戏、电影、电视里，暴力和性的场面比比皆是，这股潮流让心理学家越来越担忧。当这两种刺激源同时出现（性和暴力），就会产生强烈的唤起作用，激发出两性之间的暴力和过激行为。

技巧2：走路姿势

年轻往往是构成吸引力的一个元素。但幸好你不一定非要长得年轻，显得年轻就行了。在人们判断一个人是否年轻的时候，一些看似无关紧要的因素实际上很重要，比如体态、姿势，还有走路的样子。走路的样子绝对会影响你的魅力。无论被评判对象的年龄和性别如何，人们都更喜欢走路姿态显得年轻的那一个。究竟是什么决定着年轻的步态和姿势呢？是灵活性。看看孩子的举动就知道了，比起年纪大的人，孩子的动作是多么灵活啊。瑜伽能显著提升你身体的灵活性，会极大程度地改善你整体的姿态、走路的样子，提升你在他人眼中的魅力。

提醒

我们为什么会受年轻人的吸引，时下有很多流行的解释。人们最认同的一个说法是，这是从人类老祖宗那儿继承来的生物天性。年轻女人更容易生养——这是男性渴求的。而年轻的男人更加阳刚，能更好地保护别人，也更容易传宗接代。

技巧 3：凝视对方的眼睛

你知道吗，凝视对方的眼睛，真的可以让他爱上你。无数对魅力和浪漫爱情的研究都得出了这个结论。某次试验中，研究人员要求两名异性直视对方的眼睛两分钟。这项研究显示，单是凝视对方几分钟，就足以让试验对象之间迸发出激情。

当你跟对方谈话时，用上这一招吧。说话和倾听时，直接凝视他的双眼。一般我们说话的时候，总是把目光落在对方整个面孔上，或是瞥上一眼就把眼光移开。但只要说话时直视他的双眼，你就可以不露痕迹地用上这条法则。

技巧 4：对比定律和联系定律

要是你想让某个人迷恋上你，最好的方法就是独自出现在他面前，或是请一个很有魅力的异性陪你出现。这是由于对比定律和联系定律在起作用。

我们判断一个人，往往不是单看他自己，而是会和旁人作对比。如果是首次见面，这种倾向就会更明显。我们会把他的外貌和他身旁的人作比较。人们在这个领域已经做了很多研究，比如，最近常看泳装模特图片的男性会认为其他女性，甚至包括他们的太太不够有魅力。

因此，我们时常会犯大错。对方还没真正了解你之前，也没受到这些方法影响之前，他最先评判的就是你的外貌模样。因此，尽量争取成功机会吧。我再强调一遍，**如果你想让对方对你感兴趣，千万千万不要找一个比你更有魅力的同性陪你一道出现。**

第一次见对方时，也尽量不要找毫无吸引力的人陪你，同性异性都不要。这是因为人们倾向于把一组人看成一个整体，而不是几个单独的个体——这就是联系定律。

因此，再说一遍，最好的方法就是单独出现，或是请一个有魅力的异性陪伴你。这样，你也有机会心无旁骛地使用其他招数。之所以可以请一位有魅力的异性陪你露面，是因为，当一组人的差异大过共性时，联系定律的威力会大于对比定律。换句话说，对方会把你们看做“同一个档次的”，因此，漂亮的异性同样提升了你的魅力指数。

技巧5：自我肯定与吸引力

如果你外貌平平，可以尝试使用这个方法，这会让你比平常显得更有魅力。

研究发现，一男一女碰面时，如果这位女性的自尊心暂时受了点挫折，那么，与她自信满满的时候相比，她会觉得面前的男人更有魅力。当然，你可别煞费苦心地让人家产生自卑心理啊。我的意思是，如果你知道对方最近被人家拒绝过，那你心里就要有数——在他眼中，你的魅力指数会比平常高。这就是著名的“回跳效应”(rebound effect)：刚结束一段感情的人会很快谱出新恋曲，对象往往是他在“正常状态”下不会考虑的那一种。

另一个神不知鬼不觉的方法是：趁他和比他更有魅力的人在一起的时候，接近他。研究表明，当我们和比自己更好看的人待在一起的时候，我们对自身和外貌的自信心会低一些。所以，当我们的自我感觉受挫的时候，我们会觉得别人比平常更有魅力。

因此，如果对方不够自信，上前去殷切关怀他，友善对待他。不过，要注意一个陷阱：人们总是渴望得不到的东西，而且通常会比较珍惜要花力气才得到的东西。因此，不要让你的意图太过明显。要关怀、体贴，但是不要过头。后面的章节中，说到爱情关系的时候，我们会详细探讨这个问题，教你如何占得先机。

技巧6：“互生好感”

这条法则适用于爱情之中。研究证明，如果发现心仪的人也中意我们，那么爱恋的感受就会加深。再说一次，不但我们会喜欢那些喜欢我们的人，恋情中也如是——一旦觉察到对方迷恋我们，我们也会觉得他更有魅力。这是因为，“希望”是恋情中的重要元素。所以如果对方对你毫无兴趣，你也许仍会觉得他有魅力，但这不会发展成真实浓烈的吸引和欲望。“希望”能够让爱恋情怀变得更加强烈缠绵——发现心仪对象给了我们希望，有可能和我们交往，我们对他的感情就会更浓。

总　结

- 趁对方情绪高涨的时候接触他。
- 年轻提升魅力指数。你的姿势对年轻程度有极大影响。
- 凝视对方的眼睛，擦出火花不是难事！记得说话和倾听的时候，直视对方的双眼。
- 在我们不那么自信的时候，我们会觉得别人更有魅力。当他有点忸怩窘迫的时候，去接近他，他会觉得你更有魅力。
- 如果他对你印象不错，上去告诉他你也喜欢他，这会加深他对你的爱恋。

攻心计3

留下绝妙的第一印象

你再也不用担心了！一旦你掌握了这些心理学秘诀，不管什么时候，你都能给人留下绝妙的第一印象。不论在私底下，还是在工作场合，这些秘诀都会让你所向披靡。请记住，这条攻心计和第1条是互补的，只有两条攻心计都掌握了，你才能为心理学武器库装满弹药，从容迎战！

要留下绝妙的第一印象，第一招其实最容易掌握，那就是：微笑！微笑能传达出4条强有力的信息：自信、快乐、热情以及最重要的一条——接纳。人们认为微笑的人很自信，是因为当我们心里紧张、不踏实时是不会微笑的。当然了，微笑也意味着快乐，而快乐的人也更讨人喜欢。同时，要留下绝妙的第一印象，热情也至关重要，因为它会“传染”。微笑可以传递你的热情，说明你喜欢待在这儿，喜欢见到对方，因此，对方也会很高兴见到你。最后，微笑意味着接纳，你让对方明白，你会无条件地接纳他，无论他是谁。你有没有想过人们为什么那么爱小狗？因为它们会毫无保留地上前欢迎我们。当然了，还有更多方法来创造绝妙的第一印象，咱们这就往下看。

说起第一印象，咱们来看看“首因效应”（primacy effect）：我们对某人的看法，会影响我们对他后续行为的解读。换句话说，第一印象之所以这么重要，是因为我们随后看到和听到的东西，都会经过第一印象的“过滤”。实际上，你见到一个人的时候，脑海里立即就创建出一幅图像，你会透过这幅图像来观看他的所有后续行为。因此，如果对方对你的第一印象很好，那么他随后就更容易友好地看待你。

这个首因效应力量实在是强大，就连信息的排列顺序都会影响我们的看法。看看下面两组词：

A. 冷漠的人、勤奋、严格、实际、坚决

B. 热情的人、勤奋、严格、实际、坚决

在哈罗德·凯利（Harold Kelley）做的这项研究中，学生们被要求阅读一位即将出场的演讲人的介绍。结果，看了 A 组词语的学生，对此人的印象比看到 B 组词语的人糟糕。你也瞧见了，除了第一个词之外，这两组词语其实一模一样。一旦我们看到描述此人的第一个词，不管后面看到什么，都会受到第一印象的影响：这个人是冷漠的，或是热情的。

由此可见第一印象是多么重要啊，你们谈话的所有后续部分都会受到它的影响，因此，给人留下个绝佳的第一印象吧。我再强调一遍：正是因为这个原因，微笑才特别重要——不仅简单易学，而且能帮你带出那么多积极正面的信息。

另一个能显著影响印象的因素叫做“易得性和启动效应”(accessibility and priming)。简单地说，就是我们最容易想到的念头会影响感知。

在一项研究中，先看过“鲁莽、自负、冷淡、固执”这几个词的人，就会对随后出现的人形成了负面印象。他们认为这个人傲慢自大，会没必要地涉险。可是，先读到“冒险精神、自信、独立、坚持不懈”这些词语的人就对同一个人产生了正面的印象。同样，这也是因为这些词语和它们代表的意象是他们脑子里最先想到的东西。这些印象形成了有色眼镜，影响了随后的首次见面。哪怕这些词跟这个要见的人毫无关系，只是因为这些品质“很容易想起来”，于是他们就不知不觉地把这些品质跟随后出现的人联系了起来。

所以，要是那个人刚刚看到一些积极正面的词语，你就更容易给他留下好印象。如果你正在找工作，那就在你的简历里写上积极的形容词。比如，自信、精力充沛、果断、富有激情、机智。不要只说你是谁，你能干什么，而是要用上有力、具体、积极的语言，来精确描述你的能力。当面试官真的见到你，快速浏览一遍你的简历后，这些品质就会产生“启动效应”，和你联系在一块儿。

提醒

辩护律师犯的最大错误就是，在罪行还历历在目的时候就请当事人出庭。此时，陪审团极易想起那些不好的描述。最好的方法是，先请证人或专家出庭，使用积极和令人信赖的语言，然后立即请当事人出庭。

在工作场合中，你同样可以在出场前做好潜意识铺垫。让一位销售员，或是你的助理先出场，用积极向上的言辞讲讲最近的度假见闻，或是某个故事。然后你再出场。比如，他可以这么说“那真是宏伟的美景……让人身心宁静……并且安全”。这种表达会直接把印象植入对方心中。

私人场合中找个第三方先出场就不大现实了。有个办法：在谈话开头，你自己先把这样的话说出来。尽管你没有利用上“首因效应”，你还可以借助攻心计1中所讲的关联效应。这些词语会“黏在你身上”，对方在无意中就把你和它们联系起来了。

提醒

谁说第一印象差就没有第二次机会？如果你真做了蠢事，请不要辩解。只有一件事是你应该做的，说句：“哎哟，真是太窘了！”为什么？因为这句话传达出三条非常重要的信息。第一，你知道自己做了不合适的事，这就意味着你不可能再做一次。第二，这说明你也是普通人，当我们承认自己干了蠢事，并且愿意为此负责，人们就会更喜欢我们。第三，这说明你非常诚实——谁不愿意和诚实的人打交道呢？

总 结

- 微笑！微笑能说明4件重要事情：自信、快乐、热情以及最重要的一条——接纳。
- 使用首因效应，让最初那一刻（还有见面的头5分钟）创造出最好的印象，你们谈话的所有后续部分都会受到它的影响。
- 心理学现象“易得性和启动效应”会显著影响人们的印象。与人会面之前，做好这个潜意识的铺垫。

攻心计4

爱情里不能犯的4个错误

我知道你讨厌钩心斗角。可是既然不能退出这个游戏，干吗不当个赢家呢。不论是公事还是私事，在人际关系中掌握主动权的规律都是一样的。

说到爱情，你有没有发觉，不中意的人总是想甩也甩不掉，而自己心仪的对象却总是不肯主动靠近？原因很简单——问题不是出在人家身上，而是出在你身上。

是什么东西让一个人对另一个人感兴趣？这是个非常奇妙的话题。在一段关系刚刚萌芽的时候，绝大多数人会心存戒备。这意味着，几乎在每一段感情刚开始的时候，人们的立场都是中立的，人家都有可能喜欢你，也有可能不喜欢你。接下来他往哪个方向走——靠近，还是远离，全看你怎样对待他。

我们是人，永远受制于人的天性。说到底，约会对象对你有多少好感，并不取决于他本身，而是取决于你的一举一动。否则，每个你心仪的对象都不想和你天长地久，每个你不感兴趣的人却都想跟你结婚——这不是太巧合了吗？因此，若非你自身的问题，例如样貌、性格、背景等，肯定是你对待别人的行为出了毛病。你的行为能左右感情的走向，并且导致最终结果。

有一条十分强劲有力却也非常简单的心理策略可以克服这一点。一句话概括就是：采用对付自己不喜欢的人的办法来对待心仪的对象，而用对待心仪对象的办法去对付你不喜欢的人。也就是说，想想你对待自己不喜欢的人的方式，再想想自己对待心仪对象的方式，然后把二者反过来就行了。这里头有很多细节问题，我们着重讲主要的 4 个，这些都是不能犯的错误。

错误 1：随叫随到

人们总是想要那些得不到的东西。如果你总是随叫随到，那就是在自贬身价。这不是耍花招，也不是玩手段，人类的本性就是这个样子。吸引力不是一成不变的。也就是说，别人对你的看法在很大程度上取决于你的所作所为，而不是单凭你为人如何，或是你长得怎么样。物以稀为贵，这条法则在人生中处处适用，在恋情中尤其如是。唾手可得的东西，人们往往不加珍视；当你不太感兴趣的人约会你时，你想去才去；可是跟意中人呢，你就随叫随到。把这两种做法反过来吧！

这就是说，如果有不喜欢的人缠着你，你就每天给他打两次电话，经常问问他“咱们关系进展到什么程度啦？”等。但千万别对你的意中人这么做！顺便说一句，要是你这样对付那个你不喜欢的人，他很快就会吓得够戗，问题也就解决了。

等等！我们不是说过，要想让别人对你产生好感，你得经常露面吗？这不是跟刚才讲的稀缺法则冲突了吗？人们总是错误理解这个问题——如果想让人家对你产生好感，你的确需要常常露面。但是要记住，好感是一切关系的基础，也就是说，一旦你通过了“好感阶段”（即对方已经喜欢你了），你们的关系该更进一步了，你就别随叫随到了。

提醒

有个问题。我们常看到，漂亮的人总有漂亮的伴儿，反之亦然，这是怎么回事？要是吸引力和外貌没太大关系，为什么会这样呢？这是因为，我们和与自己魅力等级相似的人相处时最自然，最舒服。（这与研究结果相符：魅力等级相似的人容易成为朋友。）一个相貌漂亮的人有时会让容貌平平的人感到不大自在。这样一来，后者的行为就会发生变化——他把漂亮的那一个奉为主导，做了本章中要讲的不该做的4件事情。但是，这是他的行为而不是他本人导致了这个结果。有事实可以证明这一点：有时候漂亮人儿也会找容貌平庸的人做伴侣。这多半是因为，相貌平庸的一方对这段恋情十分自信，不会做出不该做的行为。（通过阅读本章，你也可以掌握这种“自信”。）

错误2：失去自我

在感情关系中，你可不能失去自我。人生中，如果我们把所有的欢乐都压在一件事上，就容易高估它的价值。感情不该是人生的唯一寄托，那个人不该是你的整个世界。在其他方面过得充实，这是非常重要的——因为你不会把别人的感情当做快乐的唯一来源。当你和不太中意的人约会时，你的心态很放松，因为你不会想“我的真命天子就是他了，没他我没法活”。相反，你会想，“嗯，顺其自然吧，没准他会爱上我，没准不会。”这种心态才是最好的态度。正是这种心态影响了你的行为，让你变得更有魅力。

错误3：让对方失去激情

这一点是爱情成败的关键所在。简单地说，你要是认为某样东西理所当然该归你，你就不会珍惜。一般说来，这就是人们不快乐的原因。他们总是想得到更多，却不懂得为已经拥有的东西感恩。如果你不懂得感恩，你就会认为一切都是理所当然的。于是，你就不再珍惜，也就不再感觉到幸福了。

在爱情关系中也是一样。如果对方觉得你理所当然，就不会珍惜你，就会开始寻找下一个。想想吧，好比医生说你的耳朵快听不见了，你多半会马上对听到的声音珍惜有加。

如果我们懂得，一切并非理所当然，我们就会心怀感恩。如果你拥有的东西随时都有可能失去，你就不会认为它是理所当然的了。在感情中也是一样，如果你让对方有那么点不安全感，不是百分百放心，他就会没那么自信，也就不会变得傲慢，不知感恩。你必须创造出一些不安全感，否则你就会失去感情的驱动力——激情。

提醒

既然天有不测风云，说不准身边的人哪天就会离我们而去——事故、疾病，为什么还要人为制造不安全感呢？如果你们已经心心相印，坠入爱河，那当然用不着。这个方法是讲给那些还没进入恋爱阶段的人听的，这种时候，才需要人为地、暂时地制造一点不安全感。

再说一遍，如果他一点不安全感都没有，认为“你永远属于我”，那么他就会看不见你的好处，不懂得珍惜你。他开始认为你非他莫属，于是激情不再。但是，你可以引入一点不安全感，重新点燃激情，扭转关系。就像咱们刚才讲到的：你从来都没注意过听力的存在，直到有一天你可能失聪。一旦关系中出现了不安全感，你的心态就不一样了。再怎么强调这个方法都不为过：如果一切都安稳妥当，没有丝毫疑虑，那么对方就会把你视作理所当然，不加珍惜，激情也会消失不见。

不幸的是，当我们对感情关系缺乏安全感时，往往会采取错误的行动，进一步损害双方关系——因为不放心，我们会更加依赖对方，黏住对方。可是，这样做相当于在强调“我永远是你的”，等于把他心里的不安全感全部扫光，于是激情也就随之熄灭了。这是人类的天性。所以既然你明白了这个天性，那就用它为自己加分吧。

请记住，本章中讲到的这些绝不是花招，也不是时而灵光时而不灵的雕虫小技，它们是人类行为的共同规律。只要善加利用，就能在任何感情关系中占据主动位置。但是要注意，你还有一个错误绝不能犯，那就是——吝惜赞美。

提醒

你也许会问："我为什么不能拥有坦诚且互相信任的感情关系呢？"当然了，你完全能，但是要等到你们两个真的坠入爱河。上述3个因素讲的都是"自我"的东西，都是为了帮你走入两情相悦的阶段。进入这个阶段以后，你就不要再用它们了——这样你才能收获成熟持久的恋情。因为一旦爱牢牢生根，你们之间的互动关系就会发生变化，他在你身边出现得越多，为你做的事情越多，你就越爱他。如果激情消退了，你只需要添上一点儿不确定感，避免对方把你视作理所当然就够了。

错误4：吝惜赞美

他对你有没有好感，要看你让他有什么样的自我感觉。这一条与前3条并不抵触，你仍然需要谨记前3条——当心你的态度，不要随叫随到，但是你的确要好好对待人家。人们常说，不要助长对方的"嚣张气焰"，不要吹捧他恭维他，否则他就会察觉到你的爱意，然后就退避三舍。这真是糟糕透顶的建议。尽管这话在某种程度上有些道理，因为当别人喜欢上我们，对我们恭维有加的时候，我们对此人的兴趣就会降低。之所以会出现这种反应，全拜这条规律所赐：**人们总是想要得不到的东西，只有花力气得到的东西才会被珍惜。**

所以你必须意识到，在"殷勤体贴"和"对他说他是你的全部"之间，有着极其重要的区别。区别就是前者是以他为中心的，更加客观。请注意以下两种表达方式关键的不同之处：我是多么喜欢他——这会导致关系失衡；他是个多么可爱多么好的人啊——这夸赞的是他本身。"你真棒"这话会让他感觉良好，也会为你的形象加分。这是双赢的，因为只有自信满满的人才会称赞别人有多么优秀。我们喜欢又自信又有安全感的人！人们经常搞不清楚这两种说法的区别，于是我们就试图耍酷，不愿亮底牌，这样做往往收效甚微，而且把气氛搞得很僵。请不要吝惜"客观"的赞美吧！这会彰显出你的优秀和自信，而且让他感觉棒极了。再强调一次，你应当让他知道，你认为他棒极了。但是不要说“他是你的全部，没了他你就没法活”这种话。

你要是想让感情的天平失衡，失去对方，最快的法子就是把上述4个错误照搬一遍。也就是说，招之即来，随叫随到；以对方为中心，失去自我；扫除对方心中所有的不安全感；吝惜称赞对方。这样一来，我敢担保，和你交往的人都不会长久。反而那些你不喜欢的人会没完没了地黏在你身边，因为你对他们做的恰恰全部是正确的事情。

总　结

- 人们总是想要得不到的东西，只有花力气得到的东西才会被珍惜。要是你招之即来，那就离挥之即去不远了。
- 如果你的生活不够平衡，你就会过于重视感情关系。平衡感会让你独立又有主见，在感情中做出更好的决策。
- 如果所有的不安全感都没了，对方就会把你视作理所当然。添加一点不安全感吧，重燃激情的火花。
- 他对你有没有好感，很大程度上要看你让他有什么样的自我感觉。让他自我感觉良好，他会对你更有好感。
- 阅读后面的章节，完善你的整体策略。

攻心计5

为自己开个好价钱

告诉你一条人生中最有价值的真理：如果你不给自己定价，迟早会有人给你定价。如何谈成合算的交易？怎样在每件事上都占据主动？答案就是：喊个高价。要知道，取乎其上，得乎其中。在前面的章节中，我们谈到过感情关系中的平衡问题。实际上在任何一种关系中，你都能发挥这条定律的威力，为自己争得主动权。

生活中的一切几乎都是主观的。这意味着没有绝对的真理，在大多数崭新的情境中，“看法”很容易演变成“事实”。其他所有的信息都会被人自身这个信息系统给过滤掉。如果你想给自己或其他任何东西“定价”，你需要创造出一幅正确的图景。谈判的时候开个高价，条件有点没道理也无妨。这很重要，因为你定下了谈判的基调（但要记住，不能高得离谱，不然会让人家以为你没当真，只是随口开玩笑）。通常价格未定的东西，第一个出价就奠定了它的价值。而价值这个未知数，可以通过两条心理学原则来改变。

假设你要为无形的东西定价，那么就从你理想的数字开始出价。因为既然它没有标价，人家也不会觉得你在漫天要价。好比你是个业余摄影师，现在有人想请你去拍照，你该收多少钱呢？有些摄影师一天要收1万美元。你有那个水平吗？多半没有，可是，如果你只收100美元一天，显然别人会觉得你没本事。如果要3 000块一天的话，人家会不会笑话你？多半不会。哪怕你认为他们可能付不起这个价格，可是你拿到了一个很高的起点，这个起点是你标定的。即使到最后你收取的费用可能比3 000

块低得多，但对方会很开心。因为他们请到的不是500块一天的烂摄影师，而是请到了一个3 000块一天的级别的好摄影师，却只花了500块钱！

让我们来看看这条规律在生活中是如何发挥作用的。比如说你在逛街，看见了一件夹克衫，价格蛮合理的：69块。你心想，"哎，还不错嘛。"然后你定睛一看，发现标价是690块。突然间你对这件衣服的看法产生了戏剧性的变化。你开始意识到，你觉得"还不错"的衣服，实际上是一件精细的手工定制衣服，于是你开始注意每一处细节，终于看出来它为什么要价这么贵。当这件衣服标价690块的时候，你可能不会买，但要是下周打折到129块呢？你八成会冲过去把它抢到手。为什么？因为它已经在你心里形成了感知价值。

还有一个能够影响价值的因素——稀缺程度。简单地说，物以稀为贵。金子、原油、钻石，这些东西比水和空气贵得多，是因为它们数量稀少。尽管水和空气是生存必需品，但我们会认为金子和珍贵的珠宝更有价值。（当然，要是你哪天没水喝了，恐怕给你多少钱你也不换。）

那么，如何在人际关系中建立价值呢？不要随叫随到，你就会更有价值。在性的方面也是这样。如果你随意挥霍，它的价值必定降低，还有个人价值同样也如此。无论你是男性还是女性。那么工作呢？如果你整天闲坐在饮水机旁边，你觉得老板和同事会怎么看你？你觉得人家会认为你很有价值呢，还是一毛钱就能买一打？

总　结

价格和稀缺程度是最能影响价值的心理学因素，对物对人都一样。这两条因素会奇迹般提升或降低一个人在我们心中的价值。

攻心计6

冷静而自信是致命的吸引力

我们在前面提到过，自信和好感会相伴而生。我们会被从容自若的人吸引，并赞赏和喜欢这种人（再没什么比瞧不起自己更没魅力的了）。这一节虽然不能让你获得真正的自我肯定感，但是这些技巧能够让你表现出冷静又自信的样子，并真的产生这些感觉。这会让你在任何场合或谈话中都进入最佳状态。

我们先从生理学的角度来看看焦虑是怎么回事。例如，当人们准备要做演讲或见某个重要人物时通常会不吃东西，或是吃“错”了东西。这些都会导致焦虑。原因是当人吃了高糖食物，或是含有精制碳水化合物的东西之后，为了降低人体血液中的血糖浓度，身体自身就会制造肾上腺素来平衡。而肾上腺素恰恰就是“搏斗还是逃命”反应的首要因素，正是它让你感到紧张和焦虑。所以常吃高糖食品和精制碳水化合物的人总是显得紧张和兴奋，这就是原因所在。糟糕的饮食会造成心理上的失调。

提醒

最近的研究显示，受强迫症、恐慌、焦虑困扰的人可以通过低碳水化合物的饮食来缓解症状。只要保持稳定的血糖浓度，焦虑症状便能得到大幅缓解。

你有没有注意到，吃过一顿大餐后，你会觉得十分放松和镇静？这是因为你的血糖浓度稳定了，身体没有分泌高浓度的肾上腺素来平衡情绪波动。如果你不想吃得太多，同时还能维持稳定的血糖浓度的话，最理想的饮食方式是适量进餐，并且吃非精制的食物。这会让你的血糖浓度稳定，思维清晰，不会因为慵懒呆滞而影响到思考能力。

另一个不可思议的现象是，如果我们做出让自己显得冷静放松的举动，我们真的就会因此而感到冷静和放松。因此，通过采取适当的举动，你就可以感到镇静。

改变你的身体状态，你真的能够改变大脑中的化学反应。因为研究显示，人们微笑的时候，情绪真的就会变好。人们一向认为微笑是快乐的表征，这当然是对的。然而，强有力的证据显示，微笑这个行为本身就能改变我们的情绪状态，让我们更加快乐。相反，如果你皱眉一分钟，你的情绪多半会变糟。情绪能反映身体状态，而身体本身也能改变情绪。最能影响情绪的举动是：

- 微笑。这是全世界通用的信号，表明你很舒适。再说一遍，微笑能够让你镇静下来，让你感到情绪放松。
- 深呼吸！我们紧张的时候，总是会屏住呼吸。其实只要深深地、有规律地呼吸，就能立即让你感到心神安定，更容易思考和反应，并且自信又清晰地说话。

提醒

怎么分辨一个人是否紧张呢？看看刚才讲的两条就知道了。如果他们的脸上没有微笑，呼吸得不够深，不够有规律，那么他们就不像表面那样冷静！

这方面的研究还告诉我们：情绪并非仅存在于头脑中，而是存在于身体的每一个细胞、每一块肌肉里。如果你想要获得长期的情绪稳定和冷静，可以试试练瑜伽，或是其他伸展运动。你有没有想过，伸展过身体之后，为什么你会感觉很好？这是因为心理上的紧张感随着身体的压力一同得到了释放。

人的中央神经系统是由大脑和脊髓组成的。除非你的脊髓也得到放松，否则是不可能彻底放松心神的。瑜伽能帮助你做到这些。观察一下高度紧张和兴奋的人，他们的身体往往是紧绷绷的。舒缓身体的压力，就是舒缓情绪压力的开始。除了微笑和深呼吸，试试这个方法吧，移除心中的负面情绪，随时随地放松自己。

总　结

- 不要忽视血糖浓度对生理的巨大影响。避免摄入高糖饮食和精制碳水化合物,避免陷入“搏斗还是逃跑”的生理反应。
- 微笑！研究证明，微笑本身就可以让你更放松，更冷静。
- 深呼吸。深呼吸能够立即放松中央神经系统，舒缓紧张。
- 若要获得长期的减压效果，请尝试瑜伽。中央神经系统是由大脑和脊髓组成的。除非你的身体也感到舒适放松，否则，彻底放松头脑是不可能的。

第2章

五大透视术 教你一眼看穿人心

人们喜爱谎言，不仅因为害怕查明真相的艰难困苦，

而且因为他们对谎言本身具有一种自然却腐朽的爱好。

——培　根

你是不是再也不想被人愚弄，被别人占便宜了？让我们正视现实吧，这世上就是有那么一种人，为了达到目的不择手段。不管这些人是汽车销售员还是你的约会对象，是你的同事还是你的老板，如果你能察觉出他们在处心积虑地为自己牟利，或是盯上了你手中的东西，这就太有用处了。用上这一部分讲的心理学方法，你能瞬间看穿他真正的意图。如果你再也不愿被人利用，就用上这些技巧吧，你再也不会感到无计可施了！

透视术1 他是真心的吗

他是真的关心你吗？他对你忠诚吗？他会不会只是假装喜欢你？有时候，要分辨一个人是不是真正的朋友并不容易。但是，只要掌握了这些心理学的秘密，你就再也不用把时间浪费在这种没有将来的关系里了。从此你便能每次都做出正确的判断。我想提醒你的是，友谊是任何关系的基石。如果某人通不过这个测试，那么，你们之间的关系可能并没那么美好。

测试1：他对你感兴趣吗

朋友的一个重要判断标准就是：他对你的生活感不感兴趣。把你生活中一件特别重要的事告诉他，看他会不会打电话问你。如果他没有，就打电话给他，看他会不会提起这件事。如果到最后他都一字未提，你就做点暗示，看他是不是压根儿忘了你曾跟他说过的话。

测试2：他对你忠诚吗

把你们某个共同的朋友的一个秘密告诉他，看看这个秘密会不会传回那位共同友人那去。真正的朋友懂得信任的价值。只是，你必须得到那位共同友人的允许，才可以把秘密说出去。

测试 3：他会为你感到自豪吗

你失意的时候，人人都会过来安慰你两句。因为这样做会让他们自己心里舒服一点。但是，当你取得成绩的时候，看看是谁来拍拍你的肩膀，对你表示祝贺。唯有心中没有一丝妒忌的人才会这样做。真正的朋友会为你自豪，完全不会妒忌你的成功。当你有好消息而不是坏消息的时候，看看他的反应。愿意慰问的人从来都不缺，但要找到一个真心祝贺我们的人，就没那么容易了。

测试 4：他对你诚实吗

真正的朋友会跟你坦诚相对，哪怕你不爱听，他也会对你直说。如果这话对你有帮助，即使你会生他的气，他也会告诉你。他有没有这样做过呢？

测试 5：他尊重你的意愿吗

告诉他，你眼下有一件大好事，可你现在不想说。看他会不会紧追不舍，非要你说出来才罢休。“好奇心”和“关心”完全是两码事。如果他非知道不可，那说明他感兴趣的只是八卦消息，而不是你。真正的朋友会尊重你的意愿，给你空间。他或许会不时提起来，因为他感兴趣。但是，如果你明确表示了现在你不想说，他不会没完没了地非问出个所以然不可。之所以用好事而不是坏事来测试，是因为，如果真正的朋友觉得你不对头，可能发生了什么糟糕的事，他一定会坚持要你说出来，因为他关心你。你当然不愿这样“测试”他吧。

测试 6：他愿意作出牺牲吗

如果你愿意为了他而放弃某样能令你开心的东西，那么他会不会同样愿意为你而牺牲自己的乐趣呢？他的字典里有没有“妥协”二字？碰见这种选择的时候，大多数人会拼命维护自己的利益。他会尽力想个两全其美的法子呢，还是只顾自己？

总　结

在这6项测试中，如果他通过了4项，你大概就遇见了一个值得托付真心的朋友。如果他只符合3项或更少，你可能就要好好审视一下这段关系，或者找他谈谈了。当然了，每个人的生活中都有一大堆要操心的事，他很可能会无意间分了神，或是没那么敏锐。因此，要使用透视术的第2项测试的话，你最好把测试时期延长，不要在24小时内就下结论。

透视术2

他说的话可信吗

你有没有想过把某人拉到测谎仪前，好好看看他说的是不是真话？现在，你只需用一个问题，就可以马上知道答案。这个技巧叫做“难题法”——说一条细节，然后看他怎么回应。只需这一个问题，你就能看出他是否在撒谎，而且任何场合都适用。

比如说，某位太太怀疑她丈夫没和朋友去看电影，而是和女秘书约会去了。如果她只是问他究竟有没有去看电影，只会得到一句“去了啊”。这是因为如果他真去看电影了，他当然会说“去了”；如果他没去，他更加要坚持自己原先的说法，继续说“去了”。那她还是不知道该不该相信。使用难题法，她只需编出一个“事实”，看她怎么接招就行了。

比如，她可以说：“哎，我听说影院附近撞了车，路上堵得很。”然后看他作何反应。

这时她丈夫就会面临一个明显的难题。因为如果他没去看电影，那他压根儿就不知道有没有撞车。如果真的堵了车，可他说没堵，太太就会知道他没去看电影。但是，不管他回答什么，他的反应必定和每个面临难题的撒谎者一样：他会犹豫。他要想想怎么回答。

请记住，要是他真是去看电影了，那么他就会立即回答：“没堵车啊，你听谁说的？”但是撒谎者可不确定，因为他没在场。于是他就会犹豫，正是这个反应让他露了底。而且，他八成会附和你所说的，给出个错误的答案，因为他根本不知道那是你编出来的。

提醒

全凭细节。他说得越详细，可信度就越高。编出来的故事往往漏洞百出，情节模糊又抽象。

还有一个方法可以让你在几分钟内识破对方的谎言。这个方法叫做“类似情境”法，它的原理有点像罗夏测验（Rorschach）——人们更习惯的叫法是墨迹测试。在罗夏测验中，受试者会看到一些对称分布的抽象墨迹，对墨迹形状的解读会泄露他心中潜意识的态度和想法。在类似情境法中，原理是一样的，但是我们采用的不是墨迹，而是语言。

你需要做的是问个问题，不要带一点点指控的意味，但是包含着暗示。然后，看看他的表现，你就知道他是不是有事情瞒着你了。

举个例子。一个女人怀疑丈夫跟秘书有染。在晚餐之后，她可以很随意地说一句：“老公，你知道不，我的老板吉姆好像跟他秘书有点那个。”现在她只需要察言观色就行了。如果他好奇心大起，开始追问怎么回事，那她就可以放心了——她丈夫没事。但是，如果他浑身不自在起来，一副想转换话题的样子，那他八成有类似的行为。她可以马上觉察出他行为态度的变化。

提醒

通常碰到这种状况时，我们就会上前质问对方，这当然会让他起了防御的心。万一结果并不是我们想的那样，那就糟了——我们会显得疑神疑鬼，或是妒火中烧，这段关系也会受到很大伤害。使用这个方法，我们只是聊起一个话题，看看他对此是否泰然自若，或是十分关心，用不着带有一点点质问和指控。

再看一个例子。你觉得某个销售员偷公司的东西。如果你这么问：“你偷公司东西没有？”他马上就会自我防卫，你几乎不可能问出实话来。如果他没干，他会说“我没偷”。如果他干了，他多半会撒谎说他没有。

所以，你就这样说："吉尔，请你帮个忙。我听说销售部有人把办公用品带回家去。你有没有什么好办法禁止这种事？"

如果他是无辜的，他多半会说出建议，并且很高兴你来征询他的意见。但是，如果他真的偷了东西，他会变得忸怩不安，很不自在，并且八成会向你保证，他是绝对不会这么干的。他其实完全没必要把自己牵扯进来，除非他心里感到内疚。

看到这个方法的威力了吧？咱们再举一个例子。一个医院领导怀疑某位医生上班时喝酒。他可以这样说："马库斯大夫，我想听听你的建议。我有个同行，怀疑手下的医生值班时喝酒。你觉得他应该怎么跟他谈呢？你有什么好建议吗？"

同样，如果马库斯大夫上班时喝酒，他会变得很不自在。如果他没有，他会很高兴你来找他寻求建议，并且很开心地给你出主意。所以，如果你猜疑什么，就用用这个类似情境法吧，让它帮你找出真相。

总　结

- 使用难题法，只需说一条细节，然后看他作何反应。不过，这个细节必须听上去像那么回事，但并不是真的。然后你就观察他的反应速度。如果他犹豫、转换话题，并且（或者）回答错误，那他就没说实话。
- 马上给他做个心理测试。问一个丝毫不带指控意味的问题，但有所暗示。观察他的反应，你马上可以知道他是不是有所隐瞒了。

透视术3
他企图操纵你吗

学会这一计，你就能轻而易举地看出对方是不是在操纵你，无论是在卧室还是在办公室。这类人怀着自私的目的，或是不善的企图，想要左右你的想法。他们有7条绝招，好诱使你上钩。好消息是，现在你可以知道他们的伎俩了，好好提防他们，永远不再受他们摆布！

这7条相当有效的操纵伎俩是：内疚、恐吓、奉承、恐惧、好奇、喜欢、爱。只要有人使出这些招数，他就在蒙蔽你的理智，用情感因素诱你上钩。他知道，凭着事实他没法达到目的，于是就转而操纵你的情感。

伎俩1　利用你的内疚。“你怎么能说这种话？你根本不相信我，我太伤心了。我简直不认识你了。”

伎俩2　恐吓你。“你怎么搞的？连下个决心都不敢？连这点自信心都没有？”

伎俩3　奉承你。“我一下子就看出来了，你绝对是个聪明人。我才不会蒙你呢，我哪儿敢啊？要是我蒙你，用不了一秒钟你就看出来了。”

伎俩4　利用你的恐惧。“瞧，这样的话你就搞砸啦。真希望你知道自己在干什么。依我看，你上哪儿找这么划算的买卖去？你只有这个机会了，干吗非要搞砸了不可？”

伎俩5　利用你的好奇心。“听着，你只能活一遭。试试看，万一不行再回来呗。这很好玩的，很有意思，绝对是实实在在的冒险。不试试看，怎么知道是什么感觉？不试一下你会后悔一辈子的。”

伎俩6　利用你希望讨人喜欢的心理。“我知道你是好样的。谁不知道啊。你要是不来帮忙，那就太让人失望了。来吧，没人喜欢说话不算话的人……抓住机会，让他们看看你是好样的。”

伎俩7　利用爱。“如果你真爱我，你才不会怀疑我。我当然只关心你一个。我不会对你撒谎的。你心里头明白，是不是？只有你不再瞎猜了，咱们才能好好相处。”

总　结

客观地看，客观地听——不要只看表面意思，要弄明白他究竟想干什么。这些可恨的伎俩会蒙蔽你的眼睛。如果上述情绪涌上心头，先把你的感觉搁一搁，仔细琢磨一下对方。如果你听到了类似的话，停下来好好想想怎么回事。不要冲动，不要快速做决定。等一等，客观地看清形势，这样你就不会被人玩弄于股掌之间了。

透视术4
他是在虚张声势吗

想知道牌桌对面那个人手里拿的究竟是好牌还是烂牌吗？你的主管放话说，他要是这回升不了职就甩手不干了，你相信吗？有个办法能让你在任何时间、任何情况下快速识破虚张声势的人——因为不管情况怎样，所有虚张声势的人都有一个共同点。

想弄明白这个原理，咱们先来看看虚张声势究竟是怎么回事。如果一个人反对某事，却装出一副赞同的样子，或者，他赞同这件事，却装出一副反对的样子，那他就在虚张声势。因此，当一个人虚张声势的时候，面对他的确想要的某样东西，他会装做漠不关心，反之亦然。

他希望创造出一副相反的形象来掩盖自己的真实意图，任何场合都一样。关键就在这了：虚张声势的人往往会演过头。只要你留心，这种迹象是非常明显的。

注意观察那个人的行为，看他想表达什么。然后你就能立即判断出来他有没有虚张声势。如果牌桌上有人下注又快又狠，他究竟是真有一手好牌，还是在吓唬人？这个例子里，他希望表现得毫不怯懦，因此他掏钱特别快。但是，如果他真有一手好牌，他会怎么做呢？对了，他会有点犹豫，磨磨蹭蹭，希望表现出一副吃不准的样子。不管人们因为什么虚张声势，也无论是在牌桌上或是在真实生活中，他们都会人为地控制自信的状态。这就是说，他们会表现出相反的样子。

再重复一遍：虚张声势的时候，他为了表现出自信，于是下注很快；如果他手握好牌，反而会想上几秒，装做谨慎考虑。所有情况下都是这样。如果他出手太快，特别十拿九稳，那他就是在显示自己胸有成竹——多数情况下，他实际上并不自信。

咱们再举一个例子。律师事务所有个合伙人扬言说，除非让他接这个案子，否则他就不干了。他这是在吓唬人，还是真心话？如果他真的想走，他是不会刻意强调自信的。如果他是在吓唬人，你很容易就能察觉出那种故作自信的气氛。让我们来分析一下：如果他得不到想要的案子，他就“不得不”甩手不干。因此，按逻辑推断，他更愿意拿到案子并且继续留下，而不是两手空空地走人。因此，如果他表现出一副坚决要走的样子，那他就是在虚张声势——因为我们知道他并不想走，只是想造成这种印象而已。

如果他是来真的，得不到案子就真的会走，那他就会表现出一副勉强又犹豫的样子，好像还没想好究竟要不要走。因为如果事情真的演变到那个地步，他并不会开心。他会更为严肃认真，因为他知道万一如此，他就必须要走。但是，如果他是在虚张声势，最后什么事也不会有，因为他压根儿就没打算走！这两种态度完全不一样，究竟是虚张声势还是来真的，一下子就能看出来。

为了理解这背后的心理学原理，只要看看人们如何对待自己就行了。一个真正自信、肯定自我的人不会到处宣扬自己有多棒。那些心里没有安全感的人才会穿上自信的盔甲，有时几近傲慢——这是为了平衡他心里真正的感觉。事实上，他是在创造一个“虚假自我”。我们刚才说过了，任何场合下，反应都是一样的。

在谈判中，如果有人不断这样说：“不谈了不谈了，我要走了，不跟你谈了。”放心吧，他哪儿也不会去……他在吓唬你呢。自信和把握是用不着刻意表现的。就像一个自信的人用不着强调他的自信一样。心里没有安全感的人才会告诉你他有多自信，因为那是让人感受到他的“自信”的唯一方式。然而，如果你在谈判中听到下面的话，那这个人多半说的是真的：“我很遗憾你会那么想。请别见怪，我不同意，但是让我想想看。”请记住，自信的人——也就是用不着虚张声势的人不会在意别人怎么看他。他不在乎自己的形象，不像虚张声势的家伙，一举一动都在顾虑别人的眼光。

总 结

注意观察他希望表现出什么样子，你就能迅速地判断出他有没有虚张声势。虚张声势的人往往会表现得很过头，拼命要显出一副万分确定的样子来。

透视术 5
他说的是肺腑之言吗

你想不想看穿他的内心，看看他对你到底有什么看法？他究竟怎样看待你的观点、你的项目，或是你的约会对象？掌握本章的心理学原则，你就学会了终极读心术。如果你觉得某人没对你说实话，那么这条技巧就是探查他真实想法的绝佳方法，任何场合都适用。

得知某人的真实意见并不容易，因为你不能直截了当地说人家在撒谎，指责他心口不一。但使用这个方法，你只需问对方喜不喜欢某个主意（或是某个人等）。如果他不喜欢，那你就没必要探问真相了，因为你已经得到了真相。

一旦他说他挺喜欢的，你千万不要继续追问，或是质疑他。大多数人都是在这一步做错的。他们总是这么说："你真的喜欢？真的吗？"对方当然不会说"嗯……其实我不是特别喜欢……"他只会更加肯定自己的看法，到时候你就别想知道他的真实想法了。

在这条技巧中，你要在回答中暗示你同意他的观点，并且你明白这件事尚有改进的空间。他会很高兴继续评价下去，因为他觉得你希望他这么做。这背后有两条主要的心理因素：一致性（人需要保持想法或行为的一致）、满足期望（人们总是愿意满足别人的期望）。后面的章节中还会详细地讲到这两条因素。

例 1　你不确定同事是否真的赞同你的营销方案，尽管他说你的方案挺好。

提问：你喜欢我的主意吗？

回答：当然，想法很好。

提问：你觉得怎么改会更好呢？

例2　你想知道儿子是否盼望参加夏令营。

提问：下个月就要去夏令营了，你开不开心？

回答：嗯，应该挺好玩的吧。

提问：怎样会让你迫不及待地想去呢？

例3　你想知道对方是否喜欢你的新玩意儿。

提问：喜不喜欢我的新甲板？

回答：当然了，很漂亮。

提问：怎么做会更好呢？

你瞧，这些人都愿意诚实地回答你，因为你的提问明显表示出，你知道自己的想法不完美。你没有穷追不舍，他们的答案却自然而然地铺展开，真相——他们的真实想法，就这样袒露在你面前了。

提醒

如果你想知道他的真实想法，可他不愿意说别人坏话，或是不愿在背后说别人做得不好，这该怎么办？没问题，你不要说“你觉得他哪里不好？”或是“他是怎么搞砸的呀？”而应该换个问法：“要是你，你会怎么做？”这种说法关注的不是人家哪里出了错，而是“如果是你，你会怎么做得更好”。但是你同样得到了关键信息。

总 结

只要让他承认“喜欢”这个看法、这个人，或是这个项目。然后问他认为该如何改进就行了。

第3章

九大引导手法 让别人听你的

如果我能说服别人，我就能转动宇宙。

——弗雷德里克·道格拉斯

人生是否成功，往往要看你的影响力有多大，也就是你能否影响他人的态度、信念和想法。这不是操纵，而是心理学原则的运用，二者之间有极大的差别。本书的前提是，大多数人都是正直、善良、诚恳的。（当然，也有些不那么善良的人，这本书也能教你免于被他们操纵，不被他们占便宜。）但你肯定也明白，阻碍我们去做正确事情的，往往是我们自己的恐惧与焦虑，这些障碍也阻止我们为别人做好事。绝大多数人愿意帮助别人，因为这样做能够得到快乐。因此，你用不着强迫别人服从你，你只要学会自然地引导出他们心中最纯洁最善良的愿望就可以了，他们会愿意帮助你，和你共事的。

通过语言和行为，你可以很容易地引导他人的行为和想法。通过改变你自己的言行，你可以改变他人对待你的态度和行为。就是这么简单。人不是生活在真空里的，人们的言行都是内心世界的反映。改变他们的世界，你就能改变他们的反应。

手法 1

让别人迅速行动起来

只要用上本节讲的 6 条心理学策略，你就能够随时让别人迅速行动起来。无论在任何场合、面对任何对象，你都能赢得和他们的合作。

策略 1：限制选择的个数

人们总是说，给别人多点选择吧，他总会找到喜欢的那一个，这能激励他采取行动。可事实恰恰相反！如果你给他无数个选择，那他一个也不会选。没人愿意犯错，更没人愿意质疑自己。选择少一点，反而能让他迅速作出决定，而且事后也不会反复犹豫。

一家著名的家具连锁店有这么一条规矩：正式处理顾客订单之前，留出 72 小时的缓冲时间。为什么？因为这家店发现，60% 的顾客在订购家具 3 天内，会要求更换颜色、材质、式样。面对太多选择的时候，人们往往会挑花了眼，一旦作出决定，又会不断自问："我有没有选错？"除非你是做零售行业的（为了竞争必须提供更多选择），否则你给人提供的选择就不要超过 3 个，两个最为理想。完全没得选的话，人们会觉得自由受限，容易退缩。只要有选择，哪怕只有一个，他都会觉得你授给了他掌控的权利。

策略 2：设定行动的最后期限

为行动设定期限，能够激励人们采取行动。

人们会不会立刻着手做事，通常取决于有没有时间限制。世上之所以充斥着各种各样的时间期限，正是因为如果没有迫切的行动需要，绝大多数人是不会动手的。这是人的天性——总是希望等到局势更有利、获得更多信息或是等到“适当的心情”出现才开始行动。所以必须制订出清晰的时间期限，让他知道必须现在就动手，否则就赶不上了。

这背后还有一条心理激励因素：我们不喜欢自己的自由受到限制。只要发现什么事不能做，我们就更想做；什么东西买不到，我们就更想要。因此，你要让他知道，现在不做，将来就没机会了。这会形成强大的动力。另一家著名的零售店用的就是这个策略：在打算撤架的货品上贴上“售出”的标签。一旦我们看见这种标签，潜意识里就会更想要它。只要我们看见旁边有类似的东西，就会马上冲过去买。

无数的研究证明，人们热爱稀缺的东西。我肯定你有这样的生活经验。如果某样东西炙手可热，人人都想要一个，你就会更加想要它。当机会越渺茫，行动的欲望就越强烈。物以稀为贵。钻石、黄金、原油，这些东西并非生活必需品，可是价值极高，这都是因为它们已经形成了稀缺的印象。想想吧，铂金比黄金更值钱，黄金比白银更值钱，白银比铜更值钱。这都取决于稀缺程度。

策略 3：利用惯性原理

牛顿最先指出，运动的物体倾向于保持运动状态，静止的物体倾向于保持静止。或许他应该再加上一句：做事的人倾向于一直做事，什么都不做的人倾向于一直不做。先让对方从小事开始——容易做，而且（或者）很有趣——那他多半会一直做下去。为什么会这样呢？

人们极度渴望保持行为一致。诸多研究证明，这是一条极其有效的激励策略。研究显示，如果你先提出一个小请求，对方也做了，那么他极有可能答应下一个更大的请求——这个请求才是你真正希望他做的。

然而，如果他不是从小请求开始的，或是没有完成它，那么他就没有动力保持行为的一致性。

下面这个名叫“得寸进尺”的实验就证明了这一点。弗里德曼（Freedman）和弗雷泽（Fraser）询问一些居民愿不愿意在院子里放一块极大的“安全驾驶”的牌子。仅有17%的人表示同意。而另一组实验对象是从小小的请求开始的。实验人员问他们愿不愿意在窗口上贴一个3英寸大的“小心开车”的小贴纸，几乎每个人都立即同意了。几周后，实验人员再次询问这些居民，是否愿意在前院放一块大牌子。结果这个组中高达76%的人都答应在院里放那块难看的牌子。

在相同的行为方向上，一旦我们迈出了一小步，就会迈出更大的一步来保持自己行为的一致性。简单地说，答应贴上贴纸的人已经说服了自己，愿意安全驾驶。因此，答应放那块大牌子，不过是出于那个自己已经“相信”的理由。因此老练的资金筹措人会将这条策略应用在募集资金中：最容易捐助的人就是以前掏过钱的人。

提醒

音乐会影响人的行动速度。米利曼（Milliman）在1982年的研究中指出，百货商场播放慢速音乐会增加销量，因为人们在货架间走动的速度会因应音乐节奏而放缓了。反过来也一样，快速音乐让人不自觉地加快动作。罗伯利（Roballey）等人在1985年发现，进餐时播放快节奏音乐，人们的咀嚼速度就会加快。有条件的话，你可以播放快节奏的背景音乐，以增加行动的紧迫感。而为了加强效果，也可以加快你的语速。因为如果你慢慢地问问题，对方也会以同样速度回答，反之亦然。你的紧迫感能引导对方，提升语速会促使他马上采取行动。

策略4：利用期望定律

期望定律指的是，要令人们愿意按照你的期望行事。要达到这个目的，你的举止和言辞必须要表现出果断和自信。用适合的肢体语言：朝门走去、拿起一支笔，或是开始拨电话。这些动作显示出你心意已决，人们会对此作出反应，照着你说的话做。换句话说，除了言语，恰当的肢体语言也可以促使对方行动起来。例如，你希望对方跟你一块儿走，那么你尽管朝前走就是，不要回头看他“是不是跟上来了”。你的举止和言辞必须展现出自信和果断，并表达出你的期望。

策略 5：懂得信息处理的原则

要掌握这条策略，你必须首先明白人们是如何处理信息的。幸好人们处理信息的方式都是一样的。在我的另外一本书《看谁在说谎》中就提到过这个概念。记得吗，刚才我们说过，要学会利用惯性原理，先从小事做起？现在我们从另一个角度来看一看。做喜欢做的事情时，我们处理信息的方式叫做“执行单一任务”（single-tasking）；做不愿做的事情时，就叫做“执行多重任务”（multitasking）。这是什么意思？这么说吧：如果你有一大堆账单要处理，而你很讨厌干这个，你脑海里会想些什么？你会想：我得把所有的账单找出来，然后分门别类放好；找出支票本、邮票、信封；一封一封写地址，开支票，记账……可是干你喜欢干的事时，你脑海中的步骤就非常简单。比如，如果你很喜欢下厨做饭，那么步骤就会是这样：出去买菜、回家、做饭。如果你讨厌做饭，所有的细节都会跑出来：在超市要排队交钱、饭后还要洗碗。这下你明白其中的道理了，可是它有什么实用价值？听好了：如果你希望某人快速行动起来，你就要让他知道这件事非常简单。如果你不希望对方做这件事，你就把这事的步骤讲得冗长、复杂。事情是同一件事，但信息内化的过程不一样，人的态度就不一样。

策略 6：额外的好处

“等等！你还可以得到……！”在广告结尾或是深夜的电视购物节目里，你听到过无数次这种话了吧？不管是在电视、电话，或是面对面交谈中，这都是促使人赶紧行动的绝招。学会它吧。据估算，这句话让广告收到回应的概率提升了35%。这话让人觉得，自己的行动有额外的奖励，而最有意思的地方是，你根本不在乎这个额外的好处究竟是什么。使用完前面提到过的策略之后，你再加上这一条——如果他现在就采取行动，就有额外的好处。哪怕这好处很小，都没关系（比如，“去吃冰淇淋吧”，“可以给你提供代用车”，“做完了咱们一起去吃晚饭”）。你会为这条策略的巨大力量而惊叹的。

提醒

在语言措辞上也能使用惯性原理。要记住，一旦某人已经开始行动了，不管是在心理上还是行动上，那么让他继续做下去就很容易了。例如，你想让他听你的，你最好这么说：“待会儿咱们出去的时候，顺道去趟吉姆家。怎么样？”而不要说，“你想不想待会儿去趟吉姆家？”瞧见了吧？第一句话中，去吉姆家就像个既成事实般顺理成章。

总 结

- 限制选择个数，避免对方过分犹豫不决。少量的选择意味着他能更快地作出决定，并且减低事后后悔的概率。
- 为行动设定最后期限。这会限制行为的自由度，增强人追求稀缺的意愿。这个方法能够有效促使我们采取行动。
- 使用一致法则：先从小小的请求开始。在相同的行为方向上，一旦人们迈出了一小步，就会迈出更大的一步来保持自己行为的一致性。
- 在言辞和举止中使用期望定律。
- 如果你希望对方做某事，就把这件事的步骤描述得简单又轻松，这会增强惯性原理的效果。
- 告诉对方，如果现在就采取行动，会有额外奖励（小小的就可以）。这会大幅提升对方的配合意愿。
- 请记住，想让别人为你做事，哪怕只是和你一起做事，最首要的心理学法则就是——他必须喜欢你，对你有好感。信任你就更好了。回头看看第1章，使用这些策略时就会更加得心应手了。

手法 2
好点子还需好的说服力

你有个好主意，可是没人肯听你的！这实在太令人丧气了。但是，只要使用本章讲到的心理策略，你就可以说服任何人。这 3 个办法是：(1) 动之以情；(2) 说明具体的行动方法；(3) 告诉他，你能帮他避免损失。

无数研究表明，如果你想说服别人，就要用上感情因素。无论你的想法有多合理，逻辑有多清晰，如果你没有调动起对方的情绪，就很难说服他。

在我们作出的决定中，有 90% 都是感性的。然后我们才会用逻辑来检验行为。要是你想单纯用逻辑来说服一个人，你的胜算不会太大。你得把事实转化成带有感情的东西，然后让他清楚地看见具体的好处，从而调动起他的情绪。

研究证明，除了动之以情以外，如果你能够提出一个清晰的行动方案，让对方看见行动步骤，那你就更有把握了。要想让人充满激情地采取行动，你得让人家明白为什么要这样做、需要怎么做。知道往哪儿去，怎么去，这能使我们心里感到踏实。如果你希望别人听取你的建议，除了描述目的地之外，也把地图给他吧。

研究还指出，如果你能够让对方明白，你的主意能使他避免造成负面结果，或是避免损失，你的说服就会更加有力。一家著名的彩票公司用了这样一句口号：你会中奖。效果一直很不错。但是，我肯定他们后来咨询了心理学家，然后把口号改成了：中奖的可能就是你！他们的生意立即大幅提升了。为什么？因为拿到促销信封的人担心自己会失去已经得到的东西。把一个可能装着钱的信封给扔了？没门！新口号说的不是“得到新东西”，而是让人担心“会失去什么”。这是更为有效的激励因素。因此，让他知道，你的主意会让他免于损失（比如得心脏病、损失金钱等），这比强调收益更加有效。

另外还有 4 条有用的策略。

策略 1：如果人们认为这主意是他们想出来的，就会更加积极地响应。告诉他，你是受到他的启发才想到这个主意的。

策略 2：告诉他，这个主意很符合他以前的做法，让他回想以前的行为。或许你已经想到了，前面章节中我们曾讲过“一致性原则”。如果他认为这个主意跟自己的行为和想法是一致的，你的胜算就更大了。

策略 3：没人想听“百事通”的建议，因此当你提建议时，最重要的就是让对方知道，你并不认为自己什么都懂。这样对方会认为你更加可信。这样说就很好：“我也不是百事通啦，但这方面我比较了解，咱们交流一下。”

策略 4：说到底，要记住一条，激情能感染别人。你说得越充满激情，就越容易打动对方。

这些方法能让你百战百胜，但要当心人们往往会犯一个大错误——一旦犯起倔来，谁都别想劝动。对人类行为的研究表明，人总是“越不让你干什么，你就越想干”。

这个现象叫做“对抗”。一旦人们觉得别人在限制自己的行动自由，就会产生这种情绪。它的威力实在太强大了，以至于罗德沃尔特（Rhodewalt）和戴维森（Davison）在 1983 年研究发现，**人们会刻意做出跟别人建议完全相反的行为——只是出于对抗。**

如果你只一味强硬地想要说服别人，对方就很容易产生对抗情绪。如果他觉得自己受了强迫，不得不做某件事情，他才不会敞开胸怀听你的意见呢。这种反应确实有道理——要是你只一味要我配合而且并不考虑我的意见，那我为什么要听你的呢？因此，在提建议的时候，最佳策略就是先告诉对方，决定权在他手上。然后再摆事实讲道理，把你建议的好处坏处都讲给他听，然后使用本章中讲到的其他策略。

总　结

- 我们做出的决定中，有90%都是感性的。所以在说服别人时，你必须调动起他的情绪因素。
- 指出清晰的行动步骤。
- 指出你的建议能帮助他避免损失，这比让他得益更具有说服力。
- 告诉他，是他启发你想到这个主意的（得是真的才行啊）。
- 让他知道，他的想法跟他平常的为人是一致的，并且举个实际的例子。
- 不要摆出一副“百事通”的样子，这样他才会更加信赖你。
- 热情会感染别人，要是你自己都不激动，他怎么会激动得起来呢？

手法3
引诱他说到做到

“你说话不算话！”如果你再也不想这样抱怨，就使用本章里的策略吧。让对方说到做到，言出必行。

让别人说到做到的最佳心理学策略就是：让他明白，你相信他是言出必行的人。对他说“你正是那种……人”“我一向觉得你……”“你肯定会……”这些话会唤起对方保持一致的强烈愿望。

听到这样的话，对方会觉得必须要说到做到。这是因为你把他的“自我感”融了进去，使他产生一种“和自我保持一致”的愿望。人都有一种内在渴求，希望自己的行为举止和对自我的认知保持一致，也跟别人对自己的看法保持一致。因此，这种话是大错特错的，“别多说了，赶紧做吧”，“我就知道会出问题”，“我就知道你没做”，“真不明白我干吗要相信你”。这种话不会产生丝毫心理激励，促使对方证明自己不是这样的人。相反，这些评判的话针对的都是人的行为，而非他的本质，迫使他找出理由来为自己辩解，而不是改正行为！

例如，你想让某人在接下来的两周内处理一些文件。不要这么说：“做得怎么样啦？”“难道你现在还没开始做？”这只会让他找理由辩解，或是打退堂鼓。你应当这样说：“萨莉，谢谢你帮我处理这些文件。你绝对是那种说到做到的姑娘。”这种话一说出来，你就把她的自我认知融进了这句话，你怎么看他，全看她这回的表现。放心吧，她会坚持做完这件事的，不会辜负你对她的好印象。听见这种话，她几乎不可能这么说，“我太忙了”或是“我不喜欢干这个”。如果她这么说的话，不但你有可能质疑他的为人，就连她自己也有可能扪心自问。她当然会认为自己是一个靠得住的人，能够说到做到。如果她在这件事上没做好，那么她就得问问自己："我这是怎么回事？"极少人愿意面对这样的问题。

这个方法还有另外一个版本，可以跟这一条一起用：唤起对方的价值认同。比如，你可以把友情和工作的承诺，还有品行等因素加进去。绝大多数人都希望自己拥有这些素质。你可以这样说，"有多少人不理解友情这个词的含义啊！"这种话有力得很。就这么一句话，你就把对他来说非常重要的价值观融进了这件事情里。现在，这不再只是一桩工作了，而是一件能影响友情的事。要是中途甩手不干，他不但有可能惹恼你，还有可能赔上和你之间的友情。你可利用的也不单单是一项工作了，你调动的是友情的力量。

这些暗含着心理学法则的语言会让他说到做到，但是，如果你希望对方言出必行的话，你应该在开口的时候就打好基础。我们先来看看下面的研究结果，再来仔细讨论这个问题。

安吉拉·李普西兹（Angela Lipsitz）等人的研究指出，如果在献血提醒电话末尾加上这么一句"咱们说好了，到时见！"然后停顿一下，等待确认答复——就是这么一个小动作，献血者到场率就从62%提升到了81%，提升了近20个百分点。当你最初开口请求帮忙时，一定要得到一个确定的答复。这会显著提高对方"内在一致性"的程度，让他说到做到。

提醒

请记住，"自愿自发"会让对方更容易说到做到。相反如果你把一项任务硬推到他面前，就有可能引发一场内心的辩解，他可能会这么想："要是我没做完，他会气坏的。我就会觉得内疚，或是遭到某种惩罚。"这会妨碍他做事的热情。换句话说，他完成工作不是因为他很棒，能说到做到，而是因为他不得不这么做。要是你不想让对方产生这种想法，只需要加上这么一句话："我知道，如果不愿意，你是不会答应的。"

这是因为，当我们自愿做某事的时候，心里会想“我肯定很想干这件事”，内在的不协调感因而就减少了。唯一有可能的另一种反应是“我真是蠢到家了，怎么会答应这种事”。绝大多数人会更喜欢第一个理由。这就是为什么我们总能看到有人做出荒谬的举动，或是完全不符合他们性格的事情。

等等，还有一个秘诀！当你开口请求帮忙时，使用下面的 5 步法，加强他出手相助的意愿吧。

比如，你告诉朋友说你的电脑出毛病了，他很踊跃地说周六过来帮你看看。此时，他这么说有可能只是出于好心，但是也有可能真的会来。可你的确需要他帮忙，为了保证他真的会来，你希望加强他的内在意愿，把随口答应的事变成板上钉钉的承诺。使用下面的 5 步法吧，你就能把含糊的答允变成具体的、确定的承诺。

步骤 1：让他亲口确认。你说出来是一回事，他亲自说出来又是一回事——这会让他的承诺提升一个层次。你希望他能主动开口。因此，你可以这么说：“你真的会来吗？”或是“说真的啊？”他多半会肯定地答复你：“那当然，我周六肯定过来。”

步骤 2：定下具体时间。你希望他跟你说好具体几点，或是完成任务需要多长时间。在这个例子里，你可以说，“那太棒了！你几点到？”还有“大概会用多长时间呢？”

步骤 3：加深他的责任感。你应当让他知道，你不但把这个约定列为优先事项，你甚至为此改变了原本的计划。他得知道，要是他食言不来就会造成麻烦。如果他说话不算话，却没有任何后果，那他会觉得自己来不来都无所谓。在这个例子中，你可以告诉他，你推掉了其他几个约会，把时间空出来专门等他。

步骤 4：调动良心的力量。告诉他，你只能指望他了，他的帮助简直是雪中送炭。把一切他不来的糟糕后果都告诉他。在这个例子中，有可能是你必须要用电脑做报告，要是到时候交不出，你就吃不了兜着走了——或是任何有相似效果的事情。

步骤 5：所见即所信。房产中介最明白这条方法的威力。带客户看房子时，他会让客户想象这房子已经是他们的了。让客户把别人家当成自己家，这需要强有力的视觉创造技巧。因此，带客户看房时，房产中介都会这么问："你们想把电视放哪儿？""沙发放哪儿合适？"这个例子中，你可以这样问朋友，"你会先看哪儿？先把显示器摘了，还是先看看使用手册？"要让他"看见"他所承诺要做的事。

别人问起魔术大师哈里·胡迪尼（Harry Houdini）是如何从上锁的保险箱快速逃脱的，他的回答十分简单："保险箱是防止别人从外头进去的，却不拦着人从里头出来。"要是你想验证某人的承诺是否当真，也可以用上这一招。

我们会严加看守心理的"正门"，但总有一个后门可以让人长驱直入。这条"后门"策略非常简单，却极其有效。因为不管一个人练习了多少次，向你保证他说话算数，他也不会防备这一招。

这个"后门"策略是一个问句："什么因素会让你做不成？"这个问题如此有效，是因为他全副精神都放在"我为什么做得成"上头，而不是"我为什么做不成"。对于"你为什么会这么做"，或是"你准备做什么"这样的问题，他早已有所准备。但是，要清楚地回答什么因素让他做不成，他必须先有很强的"想做成"的意愿才行。简单地说，这就好比让他用另一个人的头脑想问题。如果他十分诚实，那么在正常情况下回答这个问题并不难，但如果他没那么诚恳，麻烦就来了。

这个问题一出口，你就等着听答案吧。要么是一个快速的"没有，什么都不会阻挡我"，要么就是个合理的理由——这个理由非常具体，是他无法掌控的。人人都会有顾虑，坦白直说并不会显得自己不可靠，反而只会显示出我们的诚恳。但是，如果你问起杰克，有什么因素会阻碍他明年迎娶女朋友，他笑着说"我不知道啊……事情总会有变化……谁说得准哪。"那你就知道啦，杰克并没下定决心。如果你只是问"你会跟简结婚的，对不对？"他肯定会确凿无疑地说声"是"，然后列举出一大堆理由，证明他有多爱他。这是因为他对这个问题早已轻车熟路，很容易就能回答。然而，相反的问题却是他不曾料到的。

总 结

- 在你第一次开口求助的时候，尽可能使用5步法：(1) 让他自己亲口确认；(2) 定下具体时间；(3) 加深他的责任感；(4) 调动良心的力量；(5) 所见即所信。
- 然后，谈话结束时，可以这么说以获得他的肯定答复："那咱们说好了，星期六见！"
- 最后告诉他，你知道他肯定是个说到做到的人，并且你很高兴他明白友情、责任感、忠诚的真正含义。

手法4
说服固执的人

再没什么事比要撬开一个死脑瓜更让人垂头丧气的了。但是，用上这套精准的心理学策略，你就可以说动任何一个死脑瓜，让他愿意客观公正地听听你的话。不仅如此，这个方法还能帮助你消除对方的抵制情绪，从而改变想法。

固执一般是出于以下4个原因：

(1) 这个人什么主意都听不进去。对他来说，新想法肯定是坏想法。他的座右铭是“一动不如一静”，改变对他来说就是坏事。

(2) 这个人就是喜欢跟某些人过不去，只是这回恰好是你撞枪口上了。这种人的特点就是不管别人的想法多有说服力，多么合理，只要是别人说的，他就不肯听。

(3) 这个人刚刚受过伤害，有人占了他的便宜。尽管那件事跟你毫无干系，但他心有余悸，不愿意接受任何有违他习惯的想法。他对自己的决策能力不太自信，宁愿保守，也不愿再被人糊弄。

(4) 这个人属于“情境厌恶型”(situational aversion)。意思是，他的固执跟你个人没有关系，只是“整个想法”听上去跟他不相衬，也就是说，“不像他的所作所为”。你所说的东西和他的自我认知不一致。

如果你曾经遇见过上述4类人，你就会明白，争辩是没用的。你越是据理力争，他们就越发抗拒。根本无计可施，不管你说什么、做什么都没用。当然，除非你采取正确的行动。

如果你确信某人拒绝你是因为前 3 条原因，那么只需两个步骤，你就可以让他重新审度心里的看法，改变他的信念、价值观，还有对人或对事的态度。

步骤 1：在请人帮忙之前就获得对方的认同，让对方愿意听听你的想法。多种研究表明，这样你更有可能转变对方的态度，进而赢得他的同意。你要做的就是让他同意某个看法，或是某种思路，而这个看法或思路将会中和他的反对态度。

无论对方抱持怎样的观点，通过这一步，你都可以迅速地扭转他的想法。举个例子，假设你想说服老板听听你的新建议，你只需这么说："没人喜欢固执的人，你说是吧？"过不了一会儿，当你谈到正题时，你会发现他变得异乎寻常地合作，愿意听你说话了。这是因为，一旦你的老板同意了这个陈述，他就会无意识地采取与之相符的行为。

这个做法非常有效，因为人们极其需要一致性，也就是和自己的态度、信念、行为保持一致。因为要是一个人说一套做一套，别人就会认为他言而无信、出尔反尔。我们看待自己也是一样。一旦我们公开承认了某个观点，我们的态度就会顺应它，并随之调整后续的行为。下面我们就会看到，根据不同的情况，你可以进一步提出更多具体的问题，在对方心中建立起更强的一致性。

步骤 2：限制对方做"不愿意做的事"的能力。如果一个人表现得十分固执，那大概是因为他知道他"能做"，但他偏偏"选择不做"。所以你这么一限制，他就不再认为"不做"是他自己的决定了，这反而会激起他想要做的欲望。这个方法能够迅速地消融顽固的樊篱。这就好比你对一个不喜欢旅行的人说，他再也不能离开所在的小镇。突然间，他的自由被限制了，自我就会顿时被激起，潜意识中，他开始渴望自己"能够离开"。一旦这个想法出现，基于认知失调理论（即 Cognitive Dissonance，20 世纪 50 年代后期，列昂·费斯廷格提出了认知失调理论，解释了态度和行为之间的联系。费斯廷格认为任何形式的不一致都是令人不舒服的，个体将试图去减少这种不协调和不舒服。——译者注），他自然就会产生“我要离开”的渴望。思考过程是这样的：“我希望自己能够离开，因为我想离开。”随即，大脑就开始想办法，去做它认为必须要做的事情。

这种限制体现在方方面面。不然，为什么优惠券上总是印着有效期，促销活动总是“限时特卖”？如果某种选择随时可行，那么我们的动力就不会太强。但是，一旦某件事有了限制，不管我们心里是否真的认为非干它不可，我们都会变得更感兴趣。

但关键在于，当你提出解决方案时，这个限制必须是能够克服的。

现在，让我们继续用步骤1中的例子。假设你想跟老板建议：下个周五公司组织一次公园野餐。你估计老板八成不会同意，于是你采取了步骤1中的方法，先提出一个笼统的问题：“没人喜欢固执的人，你说是吧？”或是“要是你有个想法，别人却听都不愿听，你是不是挺生气的？”然后，你可以说得具体一点儿，比如“你觉得员工士气对工作环境有多重要？”这些就是典型的“陷阱”问题，一旦对方认可或详细探讨起来，就会引发内在一致性的需求。

接下来，你就可以简单地使出第2步，比如：“我肯定绝大部分同事都想去野餐，但是我担心（1）咱们可能没法及时拿到公园的许可，或是（2）想不出适合所有人玩的余兴节目，或是（3）找不到人在野餐时候替班接电话。”说到这儿就行了。

现在来看看你的成果吧。面前这个顽固的人听完了你的意见，同意它有道理，而且开始设法实现你的建议。

把这两个步骤配合下面的6条强力秘诀一起使用，你就有可能说服最顽固不化的人。当然，不一定全部都要用上不可。

6条强力秘诀

秘诀1：当一个人打定主意，不肯听别人意见的时候，有一个因素是你可以利用的——他的身体状态。人的情绪状态和身体状态直接关联。如果他钻了牛角尖，什么都不肯接受，不妨让他起来活动活动。这会消除“心灵闭锁”现象，让他的心理状态更容易改变。如果他正坐着，就让他站起来在房间里走走。如果他正站着，就让他坐一会儿。如果我们的身体一动不动，头脑也会变得僵化。有无数的研究证明，要打破人的思考模式，最容易的办法就是让他活动活动身体。

提醒

生理状态对情绪的影响是惊人的。你可以自己试试看。弓背坐下，双腿缩起，垂下头，把眉头皱起来。保持这个坐姿几分钟。好了，现在你心情如何？多半会觉得很郁闷吧？现在站起来，晃晃胳膊，活动活动身体。体察一下自己的情绪变化。弯曲身体，做些活动，我们的想法也会随之变得灵活开放，愿意接受其他想法和思路。你有没有想过，为什么比起年轻人来，上年纪的人更愿意固守想法，不懂变通呢？这会不会是因为老人的身体变得僵硬脆弱了呢？

秘诀 2：**在请他再想想之前，提供一些新信息给他。**没人愿意显得优柔寡断，拿不定主意。这意味着，要是他毫无道理地改变了想法，别人会觉得他反复无常，他自己也会这么想。所以，如果你想请他再重新考虑考虑，你就多提供一点相关信息，或是提醒他一些可能忽略的事情。如此一来，他就可以在这些额外信息的基础上，作一个“新决定”，而不是单纯地“改变心意”了。

秘诀 3：**研究显示，如果我们的自我意识增强，就更容易说服别人。**因此，当我们能看到自己的时候，没错，真的看见自己的形象，我们就会变得更有说服力。在玻璃墙边谈话，会增加你说服别人的概率。

秘诀 4：**互惠原则。**西奥迪尼、格林、拉什（Cialdini, Green, and Rusch，1992）发现，如果某人曾经说服过你，由于互惠原则，当你说服他的时候，他会比较容易改变想法。同样，如果你曾回绝过他，没有被他说服，他也很可能会“一报还一报”，不愿听你的。要利用这条原则，很简单，你只用这么说：“我记得上回我听了你的，那次你说的真的没错。”

秘诀 5：**研究表明，当对方持相反意见时，你应当一分为二地看问题。**

我们必须先假设这个固执的家伙在某些方面是有道理的。因此，如果你们的争论过于一边倒，在他看来就好像完全没有考虑他的意见。在这种情况下，你要谈及正反两面，他会更容易被你说服。（谨记“首要法则”，你的意见一定要先说。）

秘诀 6：要让他觉得，自己多多少少算是对这个主意有所贡献。这一招能达到很多目的，最重要的一条就是：他会更加认同这个目标。因此，他后续的行动就会一致。一旦你消除了他的抵制情绪，你会希望用上心理学的激励手段，促使他采取行动。

直到现在，咱们说的都是比较容易的部分。请记住，就在前几页，我们说过固执有 4 种原因。刚才说的技巧适用于前 3 条。可是，如果他的死脑筋是因为第 4 条原因，怎么办呢？（第 4 条说的是“情境厌恶型”：你的主意跟他的自我认知不一致。）

对付这种人，咱们需要换个方法。这是因为信念往往涉及身份认同的问题。此时，改变想法就意味着我们得重新评价看待自己和外界的方式。

这个固执的人认同他的信念，也就是他看待自己的方式。对信念产生质疑，那么他的身份认同就会出现问题。举个例子：假设你希望老板把你列入加薪名单。他坚决地拒绝了你，因为他认为自己是个公正诚实的人，绝不会开后门。要是他把你加进去，这就意味着他的自我信念出了问题。不管你如何据理力争，他也不会让步，因为这跟你没关系，这是他自己的事，这关系到他如何看待自己。

除非你先解决这个问题，否则任何技巧都没用。关键不在于把“他的为人”和“他的行为”区分开。通常我们会这么做，但是，焦虑感只会让他觉得自己的行为和自我离得更远。相反，我们要用的心理学方法是合并——把他的自我概念和行为融合起来。

我们继续刚才说过的例子。你希望老板帮帮忙，可他坚决不答应。例如绝大多数人认为自己是好人，我们都认为自己不会去杀人。可是，在什么情况下你会考虑这么做呢？如果你自己或家人的生命受到个持枪疯子的威胁，或许有可能吧？这种情况下，你下得了手，同时也能保持一致的自我形象。改变了限定因素之后，某种你不会做的行为就变得能够接受了，甚至变成了你必须要做的行为。

因为人人都希望自己的形象光辉又完美，树立一个典范行为，你就可以不费吹灰之力地使用这个方法。做到这一点之后，你只需把自己跟对方持有的更伟大、更重要的价值观联系在一起就行了。

在什么情况下，可以把一个人的名字列入加薪名单呢？如果这个人得不到加薪，就要遭受某种可怕的后果，这没准儿就可以接受了。但我们先要说清楚，你决不能捏造理由。如果你真的需要别人做些什么，你的理由必须站得住脚才行。而且要记住，关键并不在于你的理由是什么，而在于你有没有用正确的方式表达。这个例子中，就看你有没有把渴望同他的道德感和自我概念结合起来。你瞧，你没有绕过他的正义感，相反，你把他的正义感吸引了过来。这个例子恰巧是个最难的，生活中很少碰见需要你如此据理力争的事。但是一旦碰见了，你也有办法对付。

先等等，有没有办法可以衡量一个人的固执程度呢？你真的能改变任何人的任何看法吗？当然了，肯定会有死不让步的情况，所以，为了节省你的时间精力，咱们来看看下面的方法。它不仅能帮你测试出一个人有没有可能让步，还能帮你说动他。

心理杠杆

想知道他是否愿意做这件事吗？他对新事物的心态有多开放？他是不是故意装出一副坚不可摧的样子，其实却很容易说服？用用这个“心理撬棍”吧，撬开顽固的思想，看看对方真正的想法。要想知道一个人的心态是否开放，这是最好用的测试方法。而且，它还能帮你扫清道路，进一步说服对方。

有时候，人们会摆出一副坚决的姿态，是因为他们知道自己立场不够坚定。有种说法是，最容易接受推销的人，就是那些高挂“谢绝推销”牌子的人。这是因为他们内心深处明白，要是推销员真的搭上了话，他们有可能会彻底屈服，买下他推销的任何东西。

这个技巧是这样的：告诉对方说，只要你能完成一个高难度的、不可思议的任务，他就得听你的。比如，你让他在纸上写下1至100之间的任何一个数字，然后你去猜。如果你猜中了，他就得听你的。他很可能会同意，因为你几乎不可能猜中。如果他连这个都不肯，那么他八成很难被说动。

这个心理策略的关键不在于猜对（要是你能猜对就更好了），而在于他同意冒险试试。再强调一遍，如果此时他就断然拒绝，那么你说服他的可能性就微乎其微。然而，如果他同意了，那你已经成功地把他的信念系统改变了一点点，要的就是这个效果。你把“不”变成了“有可能”。尽管“听你的”这个可能性还很微小，但是他不得不调整自己的信念系统，允许它出现。为了减少心理上不一致的感觉，他会潜意识地调整自己的想法，让心态变得稍微开放一点。

他还会相信，自己是愿意冒险的，这恰恰是你希望他拥有的自我形象，因为你的请求已经超出了他平时的心理舒适区。

只有内心深处不抗拒你想法的人才会答应做这个测试。因此，在某种程度上，他是愿意的。现在你知道了，你面对的并不是个不可能完成的任务。

总 结

- 先从杠杆测试开始，看看他到底有多固执。
- 人的内心非常渴望一致性，因此先让他对某件事或某种思路表示同意，然后你就能比较容易说服他。
- 你想让他做什么，就限制他在这方面的自由，把想办法的机会交给他。
- 情绪状态和身体状态两者直接相关。其中有一个因素是你能够改变的，那就是他的身体状态。
- 没有新信息的话，他不大会改变主意，否则他就觉得自己不够一致了；请他重新考虑之前，给他一些新信息。
- 让他知道，最近你曾采纳过他的意见。如果他曾经成功地说服过你，那么你这次说服他时，他很可能会出于互惠心理，答应你的请求。
- 一分为二地讨论问题，这会让你更加可信，但是要记得，要先把支持你的观点的论据说在前头。
- 如果可能的话，让他对你的主意多少做点贡献。
- 运用本书的方法，让他快速采取行动。
- 如果你的主意不符合他的价值观，改变限定因素，让他认为这个行为是可以接受的。

手法5
让别人乐于出手相助

想不想让每一个人都非常愿意跟你合作？现在你可以做到了。这些屡试不爽的法则能帮你不管是在任何时间、任何场合，针对任何事情，你都可以顺利让别人同你合作。正是本章讲述的10条因素决定了对方是出手相助，还是客气地（或者不那么客气地）回绝你。

1. 时间因素

请人帮忙什么时机最好？是事到临头再开口呢，还是越早说越好？答案是：尽早说。事情越迫在眉睫，对方的焦虑感就越强。他会觉得你太“功利”了，这么一来你得到帮助的可能性就越小。研究显示，如果你眼下必须请人帮忙，你最好找个不太忙或不赶时间的人来帮你。比起手头正忙的人，没有时间压力的人出手相助的可能性会大大增加。

2. 互惠原则

你有没有想过，为什么机场的宗教募捐人士会送给路人一枝花或是其他小礼物？他们知道，大多数收下礼物的人会觉得不给点钱就不好意思。我们心里明白用不着非要给钱，但不给的话心里会很难受，尽管并不是我们主动索要礼物的。当别人给我们东西的时候，我们经常觉得欠了人家的。给你的目标对象一点东西，什么都行，他的顺从程度会大幅提升。你的“礼物”可以是你的时间，你的注意力，甚至是个小小的手势或一句恭维的话。

3. 旁观者效应

无数关于“救助”的研究表明，旁观者越多，肯出手相助的人就越少。这叫做旁观者效应——责任的分散影响了人们的行为。这是个放之四海而皆准的道理。如果你需要别人帮忙，就要让他知道他是你唯一可以求助的人。如果他认为你找谁帮忙都可以，那么他的责任感就会减弱，也就感受不到任何要帮你的道德压力了。

4. 情绪状态

是不是最好等到对方心情好的时候再开口求助呢？不用。情绪不一样时，背后的动机也不一样，因此，用什么方法要看他的情绪状态。研究显示，如果对方心情很好，你要清清楚楚地告诉他该怎么帮你，这么做会让他很开心。这是因为，如果你的请求十分模糊，或是帮助你的后果并不愉快，那么对方原本的积极情绪反而会降低他出手相助的意愿。心情不错的人不愿意失去好心情。

研究显示，消极的情绪会增强人们出手相助的意愿，因为帮助别人让人感觉很好。因此，情绪低落的人有帮助别人的动力，他想让自己的感觉变好一点。

当然也会有一些例外，但最重要的是，对方帮你做的事必须简单，要看得见效果；而且你要让他清楚地知道，帮助你会给他带来好心情。所以，如果他心情不怎么样，你一定要强调这不会花他太大力气，而且做完后他一定会很开心。

5. 冷漠还是同情

如果别人觉得你陷入困境是由于你无知或能力不够，你得到的会是冷漠而不是同情。要是你无法博得人家的同情心或同理心，就不大容易得到他的帮助了。

研究显示，如果你的麻烦不是由你自己造成的，得到帮助的可能性就会更大。顺便说一句，正是因为这个，大多数人都很愿意帮助生病或受伤的小动物（比如小狗）。我们会心疼它们，因为我们知道这肯定不是它们的错。对比一下许多大城市居民对无家可归的人的态度吧。“他八成吸毒，要么就是酗酒。”路人会这样想。“他怎么把自己搞到这田地？”如果麻烦不是某人自己造成的，我们心中会涌起同情的感觉，产生强烈的帮助愿望。向对方表明你的麻烦是外界原因造成的吧，你是被连累的，当然这一定要是事实才行。

6. 相似性

简言之，如果我们喜欢某个人，就更容易出手相助。而我们喜欢和自己相似或某些方面很像的人。

7. 内在的一致性

对人类记忆和行为的研究得出了一些有趣的结论：人的自我感觉往往建筑在记忆的易得性上，也就是说，要看某些事是不是很容易想得起来。比如说，如果别人让你不断回想你冲动行事的瞬间，你也能很容易地回忆出这样的例子，那么你就会认为自己是个冲动型的人，至少暂时是这样。然而，如果你压根儿就想不起来这种事，你的自我感觉就会得出这样的结论：在意识和潜意识层面你都是个三思而行的人。

这条人类行为的规律是有道理的，因为它符合“期望原则”：我们怎样看待自己，就会采取怎样的行为。你或许已经看到，自我和追求内在一致性的力量是多么强大！因此，如果你能改变一个人的自我概念，你就能改变他的行为。而现在我们已经知道该怎么去改变一个人的自我概念：改变回忆的难易程度。

人们对自我的概念依赖于记忆的易得性，因此你可以改变一个人对自己的看法，然后，他的行动自然而然地与"修改"过的自我概念保持一致。简单说来，一致性是种潜意识的渴望——我的行为要跟对自我的看法保持一致。例如，如果你把自己看成一个充满爱心的人，那你几乎不可能做出粗鲁的举动。

如果你想让一个高度紧张的人冷静下来，放松心情，但是他多半没法回想起太多自己冷静处事的例子，这没关系。研究证明，你可以让他详细叙述一次冷静处事的经历，同样能达到效果。他同样会暂时认为自己是个冷静的人。这是因为他会在脑海中描绘出一幅冷静状态的画面。就像俗话说的，"一张画胜过千言万语"。

提醒

正是因为这个原因，有些人对自己的看法是扭曲的。他们的记忆像电脑一样精准，不放过自己生活中任何一次失败和错误，因此他们心里的自我概念就是，我是失败者。尽管我们的成就已经远远超出犯下的错误，然而我们记得的却是自己的失败，这塑造了我们的自我感觉。

用上这个技巧，赢得别人的帮助就易如反掌了，因为我们的行为和自我概念是一致的。如果你能改变一个人对他自己的看法，那么你就能立即改变他的行为。

8. 用例子展现领导力

知道别人也做了"正确的事情"，这会激发起潜意识的模仿渴望。事实证明，这条法则的确提升了自愿献血的人数，欧文·萨拉森和他的同事在 1991 年做了一项研究，对象是 1 万名高中生。有一组学生看了一套幻灯片，其中穿插有 38 张高中生献血的照片。结果这一组人献血的意愿就比没有看过的那组高出 17%。简言之，看献血照片提升了学生们的意愿。从募集善款到帮助别人，无数的研究都证明了这个道理：大公无私的模范人物的确能提升人们做好事的愿望。

你很可能没机会让对方亲眼看到其他人是怎么帮助你的，没关系。使用这个方法的时候，不一定非要让他亲眼看见。而且，在现实中，不让他看见反而更好。记得第 3 条里讲到的“旁观者冷漠”吗？不要分散他的责任感。因此，要是他知道很多人都在帮你，可能还会导致反效果。相反，你应该使用威力十足的说服工具：故事和比喻。告诉他有谁曾在相似状况下（用不着是这一次）帮助过你,用例子唤起他想帮助你的愿望。

9. 消除竞争隐患

研究发现,如果对方的成功不会威胁到自己,人们就更愿意提供帮助。这就是为什么比起认识的人，我们更愿意帮助陌生人。你要确保求助对象不会受到你的竞争威胁。而且，哪怕是一点点的妒忌心理都会伤害合作的气氛。要消除一切可能的竞争隐患。你应该创造出一种“咱们两个一块儿处理问题”的感觉，而不是“来帮助我取得我想要的东西吧”。

10. 坚韧的力量

大多数人不肯帮忙是因为他们不愿意改变。不要只请求一两次就作罢，不要放弃，问他 6 次。根据研究，6 是个神奇的数字。绝大多数人在被请求了 6 次之后都会答应。当然，有些人很快就答应了，有些人几次后就会答应。对那些没动心的人，坚韧不拔地请他们帮忙吧。

提醒

显然，他应当注意到你和你的状况了。如果你熟练地用上了这几招，他一定会动心的。但是，要是他仍然无动于衷，那就记住这条规律：当同情心很弱的时候，人们更看重回报和成本。因此，如果他还是毫不动心，那你就清楚地跟他挑明，帮助你有什么好处。你只需告诉他好处远远大于麻烦就行了。

总 结

- 如果你现在就需要人帮忙，等对方不太忙的时候再开口；如果需要帮忙的事还早着呢，那你求助得越早越好，事情离现在越远，他越容易帮助你。
- 用上互惠原则，给他一些“礼物”，任何形式的都行：你的时间、注意力甚至一个手势，一句恭维都可以。
- 提高他的个人责任感，避免得到冷漠反应。让他知道，他是你唯一能求助的人。
- 你的请求应当包含以下3点：(1) 清楚地说出你要什么；(2) 帮了你之后他会有怎样的好感觉；(3) 他很容易就能做到，不会花太大力气。
- 如果你的麻烦是自食其果，那你得到的就是冷漠而不是同情心了。如果你的问题中有些方面不是你造成的，那么就把重点放到这些方面上。
- 重塑他的自我概念，让他意识到，“帮助你”正是他这种人会做的事。
- 知道别人也做了“正确的事”，会在潜意识中唤起模仿的欲望。让他看看，或者只是讲给他听，有人曾经在相似的情况下出手相助。
- 研究表明，如果他感到你的成功会产生威胁，那你就得不到帮助了。你要告诉他，你们的目标是一致的，结果是双赢的。
- 最重要的就是坚持。有太多次，人们拒绝只是因为拒绝很容易，他们早已习惯了。一直请求下去吧，用上这些技巧，你不会错过赢得合作的机会的。

手法 6
善用领导魅力

你有绝妙的主意，有清晰的愿景，你已经做好准备去改变世界。可是有个问题……你振臂高呼，却没人响应。对掌握诀窍的人来说，领导力简单极了；可是对那些渴望拥有领导力的人来说，这项能力是那么扑朔迷离。其实，与其说领导力是艺术，不如说它是科学。这一章我们就来谈谈领导力的心理学秘诀，它能让任何人变成魅力四射、激情洋溢的理想领导者。

高效领导力有很多组成因素，我们把它分成两个大类来谈：人性面、技能面。

1. 领导力的人性面

赢得认同

领导力意味着从别人的角度看问题。如果你能挑起对方的欲望，掌握对方的需求，你就可以激励他做任何事情。但你得先明白一点：人们并不关心你知道什么，除非他们知道你关心他们。你的言行是否一致，人们马上就能感觉出来；除非你发自内心地相信自己的所作所为，否则你没法领导别人。老子撰写的古代智慧经典《道德经》中，就写到了关于领导力的睿智箴言："圣人常无心，以百姓之心为心。"（见《道德经》第 49 章——译者注）为了赢得认同，你决不能把自己孤立于人群之外，你必须融入其中。

保持谦卑的情怀

为众人谋福利还不够，你必须放低自己，不能高高在上。人们常认为领导者应该有强悍的自我，但事实并不是这样——造就伟大领导者的并不是“自我”。只要看看甘地和马丁·路德·金就知道了，是谦卑赢得了拥戴。我们再来看看《道德经》：“是以圣人欲上民，必以言下之；欲先民，必以身后之。是以圣人处上而民不重，处前而民不害。是以天下乐推而不厌。”（见《道德经》第66章——译者注）

把“自我”当成统治手段的人，实际上是在用愤怒和恐惧统治，一旦这些工具消失了，他们的影响力也随之烟消云散。历史上充斥着这一类以自我为中心的暴君和独裁者。有种说法是，最合适的领导人选是那些“天降大任”的人，而不是一心追求统治权的人，因为这种人孜孜以求的是权力。千万不要自认为高人一等，你只是比别人更愿意承担起领导的责任而已，你只是做好了准备，去做应该做的事。

采用简单明确的风格

最有效的领导力和影响力工具可以概括成4个字：简单明确。没人喜欢复杂和混乱。再来一段《道德经》里的箴言：“古之善为道者，非以明民，将以愚之。民之难治，以其智多。故以智治国，国之贼；不以智治国，国之福。”（见《道德经》第65章——译者注）

如果你想一呼百应，就把你的想法仔细整理清楚。如果你的想法像一团乱麻，有无数的例外情况和无数的重点，别人绝对不会感兴趣，也不会拥戴你。清晰、简单、直接。但是要注意，我不是让你变得僵硬死板。如果你显出一副刻板的样子，别人会觉得你不近情理。保持一定的灵活性，但是，需要灵活的时候再灵活，千万不要只是因为它容易做到你才“灵活”。

个人魅力

现在你知道展现领导力的有效策略了，但是每个优秀领导者都明白，有时候你需要影响一些具体的人，赢得他们的配合。所以，让咱们再往前迈一步，看看如何彰显领导力中的人性。

想做负责任又有权威的领导者，请注意以下的行事原则。首先，绝不要把激情和权威感混淆起来。千万不要过分地情绪化。情绪会传达激情，这没错，但它不会给你增加一点点自信或权威感。过于有激情的领导者是可信的，但是没人愿意追随他们。其次，绝不要冲别人嚷嚷或提高嗓门。这会让你失去人们的尊敬。如果你连自己都没法控制好，怎么去领导别人呢？如果你没法控制别人，他们又有什么理由要听你的？再次，要尊重每一个人。忽视别人不会显示出你有多伟大多重要，反而显示出你是多么渺小。把尊重和注意力给予每一个人，你会收获到所有伟大领袖都必备的素质：领袖魅力！之所以能得到这种素质，是因为你让人们知道他们自己有多伟大，而不是向他们展示你有多伟大。人们愿意追随那些让他们自己感觉良好、有价值的人，而不是那些令他们感到自己微不足道的人。伟大的领导者不会千方百计地让人们相信他，相反，他会让人们学会如何相信自己。

最后，无数研究表明，一旦两个人或两支团队开始朝着共同目标协作，他们之间的紧张感就会降低。如果原本存在内讧或不够齐心，现在他们则会把注意力转向那个共同的外部力量。

2. 领导力的技能面

假使你有了激情，也赢得了人们的拥戴，你依然需要使用一些心理学方法来获得有力的支持。领导力中最关键的因素就是“知道如何以及何时让别人参与进来”。这个问题往往能成就一个领导者，也有可能毁掉一个领导者。

但问题是，参与到什么程度才是最理想的呢？是民主还是集权？以下的研究指出了领导者应当怎么做。比起过高或过低的参与度，允许人们适当参与的领导者一般说来会更高效。其他研究指出，如果领导者并不需要追随者的支持，能够凭借自己的力量做出决策，他就不应当寻求帮助。然而，如果他的确需要人们的支持，那么他就应当求助。领导力风格应当是灵活的，才能适应不同情势的需要。

总 结

- 领导者通过赢得认同来赢得众人的信任和支持。不要把自己孤立出去，要融入人群。
- 谦卑心态是领导力最有威力的素质之一。强烈的自我感觉会在领导者和众人之间筑起一道壁垒。
- 你的愿景必须清晰、简明、井井有条。没人愿意执行复杂和混乱的战略。
- 切勿把激情和权威感混淆起来。过于充满激情的领导者是可信的，但是没人愿意追随他们。
- 永远不要冲人大嚷大叫，不要公开惩责别人。这会失去人们对你的尊敬。
- 让别人感到重要，感到与众不同，你就立即拥有了难以捉摸却又重要无比的领袖魅力。人们愿意追随那些让他们自己感觉良好的人。
- 掌握领导力的技能面，知道何时需要众人参与，何时应当发出指令。

手法 7
轻轻松松说明白

如果你想让某人赞同你的意见，或是想让他采取行动，那你首先得让他明白你的意思，清楚地知道你想让他做什么。一遍又一遍地解释实在让人垂头丧气。但是，用上本章里讲到的两条策略，你就可以轻轻松松地把事情说明白了。

第 1 条，你要说清上下文。想要把一个令人费解的想法说明白，你需要先把背景讲清楚。

把来龙去脉说清楚，让他理解这是怎么回事。比如，你能听懂并记住一个句子，是因为你理解每一个词的意思。但是，如果把十几个随机的词摆在你面前，比如蝙蝠、去、飞、怎么、到、发令员、绝不、热、了不起、母鸡，你是很难记住的。但是，一个意思连贯、由 10 个词组成的句子却很容易记住。“4 个男孩在拐角的那个房间里读莎士比亚。”你可以轻而易举地重复这个句子，然后记住它。但是，要记住前面说的那 10 个随机的词，你得花多长时间？句子容易记，是因为你理解词语的顺序，也明白它们的上下文意思，以及它们之间的关联。

不说背景，而是先说具体的细节，这就好比要拼起一盒拼图，却没有参考图样。没有超强理解能力的人通常很难看到事情的全貌。

第 2 条让对方理解你的策略是——对他提出期望。无数研究证明了“期望”的威力。比如以下实验：（1）事先告诉一群女孩子，她们肯定会在数学考试中考得很差，结果真的如此；（2）把装配工人分成两组，对其中一组说这个任务又难又复杂，对另一组说任务非常简单，结果前一组工人的效率不如另一组；(3) 让成年测试对象做一组相当复杂的迷宫游戏，却告诉他们这是小学难度的，结果他们会完成得更快。

在对信息的理解以及后续的表现上，我们自己设定的期望和他人的期望会起到重要作用。如果你希望对方理解你的意思，把来龙去脉说清楚；然后告诉他你希望他能够明白，而且这些不难理解。此外，在讲述的过程中，积极地鼓励他，这会增加他理解和吸收的积极性。如果你遵循这些方法，你就能轻松地让对方理解你的意思了。

总　结

- 讲细节之前先把来龙去脉讲清楚。讲出背景有助于理解新信息。
- 使用期望法则。只要告诉对方，你希望他能快速地理解这些信息，就会大大提升对方的理解速度。

手法8

让多数服从少数

历史中从来不乏这样的例子：少数人的思想塑造了整个未来。他们敢于挑战传统，从不屈服，帮助塑造出一个全新的世界。这些自由的思想家们不属于庸常大众，他们公然违抗传统，借此推动变革，为进步和自由扫清道路。这些热诚地相信良善和公义的人们从不低头折中，他们对抗着难以估量的障碍，把激情表达出来，唤醒社会的良心。

可是，你只不过是想吃寿司，而其他人都想吃意大利菜，这该怎么办？没关系，尽管坚持你的想法。如果你被孤立了，用上这个策略你就能扭转他们的看法，让他们跟你走。无论你是希望同事们采纳你的主意，还是想去看一个大家都不想去看的电影，你会发现这个策略的威力。不管你有没有盟友，这些人性的基本法则都能助你一臂之力。

要说服大多数人听你的，有6个主要方法。

1. 保持一致

首先，你和（或）盟友们必须立场坚定，前后行为一致。研究发现，如果你显出犹豫不决或是屈服的样子，你的说服力就会减弱。换句话说，这样说比较好："综上所述，我们百分之百地坚持我方观点。"而这样的说法就有问题："嗯，我不知道哎……嗯，这样子可能比较好吧……"

2. 保持灵活

研究显示，人数少的一方不能表现得刻板教条。无视新信息和局势变化的少数派就不如表现灵活的少数派得人心。这与前面的法则并不冲突。情况没变化的时候，你应当保持立场前后一致；但是如果出现了新信息或特殊情况，你应当花点时间考虑一下（至少要装装样子），不要随意否决。符合这条法则的说法应当是："这很有意思，我们从来没这样想过。我们花几分钟想想看再说。"不应该说的是："不听不听……我才不管呢！我们的意见是……"

3. 各个击破

研究证明，如果人们有盟友，就会更加坚持原来的立场。也就是说，如果吉姆知道鲍勃也反对你，那他就更难动摇了。然而，如果吉姆认为只有他一个人反对你，那么他不仅更容易改变观点，而且他会更加容易认同你。不要让他们因为人多而赢得优势。只要可能，就采取各个击破的策略。

4. 留住好感

当你的意见和大多数人不一致的时候，人们往往会觉得你不够友好，对你的好感或许会降低。在发挥影响力的时候，好感是个很重要的因素。所以，你应该告诉他们，你的看法是符合大家利益的，不是只对你一个人有好处。用上第 1 章的策略，也能帮你留住好感。

5. 引进新信息

如果你希望对方重新考虑某事，就要加入一点新信息。这样一来，他就是在新信息的基础上做出新决定，这比让他改变主意容易得多。比较好的说法是："我能理解你为什么这样想，但是我们刚发现了新的情况。

既然如此，或许我们可以换个角度看问题。”

6. 引入外援

要是没有一个人让步，怎么办？要是你没办法了，就使用“社会认同”（social proof）的法则吧，找个局外人来支持你的观点。这会让他们重新考虑的。万一找不到支持你的人该怎么办？没关系，找个专家之类的人，只要他和这个问题没有利益关系就行了。

在一次试验中，一组大学生接到一条消息，建议在毕业前系里应当举行考试。人们发现，要使学生们接受这个建议，强有力的论证不一定比站不住脚的理由更有说服力。这毫不奇怪。因为，假如信息还是同样的信息，只是建议考试政策应在10年内实施，也就是对这些学生毫无影响的时候，那么论证的质量好坏就不太起作用了，起作用的是消息来源的可靠性，以及它是否属于专家意见。

因此，如果你的理由并不特别强劲有力，试着去找找那些跟此事没有利害关系的人，因为这类人不大会注意你的观点是否成立。

总 结

- 你和盟友们必须立场坚定，前后行为一致。不要流露出摇摆不定的态度。
- 不要显得刻板教条。新信息出现时，无视新信息和局势变化的少数派就不如表现灵活的少数派得人心。
- 各个击破。研究确凿无疑地证明，如果人们有盟友，就会更加坚持原来的立场。
- 如果你跟大多数人意见不一致，他们对你的好感度就会降低。用上第 1 章的策略，能帮你留住好感。
- 没有引入新信息的时候，不要请求对方改变主意。
- 要是你没办法了，就使用“社会认同”的法则吧，找个局外人来支持你的观点。

手法9

做团队里的“黏着剂”

无论是碰见有口角之争的朋友，还是积怨甚深的家庭，本章中讲到的技巧能够快速融化坚冰，消除争斗，让所有成员立即团结起来。

无数研究都表明，一旦遇上外敌，人们之间的分歧就会消融。外在的威胁能唤起我们结盟的渴望，想要相互寻求支持，增强团结。当共同的敌人出现时，诸如内战、内讧、内部骚乱之类的举动就会停止。反之亦然，如果眼下没有外部威胁，人们就会把注意力放在别人身上，敌意就会产生。让一个团体迅速合作起来的最佳办法就是：(1) 创造一个外部威胁；(2) 让这个团体跟另外一个团体展开竞争。想要让敌对双方开展合作？一个共同的敌人比任何培养凝聚力的方法都管用。

人们对待自己的内心和生活也是一样的。如果你的心灵闲下来，无事可做，它就开始跟自己作对，于是烦恼和焦虑开始滋生。然而，一旦你有了清晰的、十分吸引你的外在目标，这种跟自己过不去的状态就会停止。你有没有过这种经历？当你有了清晰的目标，你的情绪会变得更好，注意力也更加集中。忽然间，那些小烦恼不再重要了，因为你还有正事要操心。

像由众人组成的团体一样，如果你的心思空着，没事情占着它，它就会开始跟自己作对。如果注意力失去焦点，心灵就会变得鼓噪不安，恐惧开始接管你的内心。但是，只要有一件能吸引注意力的趣事出现，心就安静下来了。这就是为什么很多人会有点嗜好，因为嗜好让人放松。注意力的焦点放到外部事情上去了，我们全神贯注地投入其中，于是忘了自己的存在。正是因为这个原因，那些生活中无事可做的人往往是最神经质的。没什么外界的事来占据他们的注意力，于是他们的心神就开始跟自己过不去。但是，一旦有了目标，注意力就会转移。对团体来说也是一样，一旦面临外在的严重问题，内讧很快消失无形，大家的注意力都转向了新目标。

还有一个很有意思的发现：根据罗斯（Ross）和塞缪尔斯（Samuels）的研究结果，在能够影响竞争程度的因素中，游戏的名字甚至比参与者的性格更有威力。研究者把同一款游戏拿给两个组玩，第 1 组听到的游戏名字叫做“华尔街”，而第 2 组听到的名字叫做“社区游戏”，结果第 1 组人表现出来的竞争性就比第 2 组强得多。这真是不可思议，因为游戏名字看上去不过是个不起眼的小因素，却能胜过人的天性。因此，我们可以合理地推断出，你给你所在的小组（或是团队）起名字的时候，要谨慎地想一想。例如，如果你手下有两支小组，名字叫做“正义之师”和“必胜战士”，那他们的合作态度八成不如“寻求共识”和“灵活思想家”来得高。

上文谈到的策略能帮你维持小组中的和平与团结，促使人们合作。但有时候你会发现，总是有那么几个人，他们天生的性格就容易跟别人起冲突。那么，你需要再掌握以下 3 个方法来增强合作，赢得和平。

让敌对双方并肩坐下，不要面对面。当我们在身体上和别人处于对峙状态的时候，就更容易有“跟他们对抗”的念头。并肩而坐，有助于创造和谐的氛围，帮你赢得团结与合作。

创造接触和亲近感。让敌对双方的人们有密切接触的机会，让他们常常跟对方保持联络。在前面的章节里我们已经看到，无数的研究都证明“亲近生好感”。你要当心，不要让任何一方压倒另一方，但一定程度上的亲密接触对于加强合作是非常必要的。

肢体接触。千万不要低估肢体接触的力量，只要有可能，就制造个机会让双方握握手，或是相互接触。肢体接触能够大幅度提升亲密感。对那些跟我们有肢体接触的人，我们在心理上就会觉得更近一些。

总 结

- 无数研究表明，共同抵抗外敌的时候，内部分歧就会消失。
- 确保你的小组成员建立起“合作”而不是“敌对”的自我认知。小组的名字对合作意愿有着强大的影响力。

第4章

两大制胜秘诀 让你永远是赢家

人生是一场赌博。不管人生的赌博是得是失，只要该赌的肉尚剩一磅，我就会赌它。

——罗曼·罗兰

Get Anyone to Do Anything

Never Feel Powerless Again—With Psychological Secrets to Control and Influence Every Situation

有个很有趣的故事，说的是两个人去丛林里野营，结果碰上了只狂怒的狮子，其中一个马上从背包中掏出跑鞋，开始换下野营靴子。“你这是干吗？”同伴问，“你不可能比狮子跑得快呀。”换鞋的那一位冷静地答道：“我用不着比狮子跑得快，我跑得比你快就行了。”

即使是和善良、诚实、正直的人打交道，我们也会遇到竞争。这些心理学策略能帮你在任何比赛中赢得胜利——不管是拼体力，还是比智慧。

秘诀1 赢得心理角力战

不管是拼体力还是比智慧，取胜策略都是一样的。这是因为，任何比赛首先是心理的较量，胜败取决于内心，然后在真实的世界中表现出来。无论是一场网球比赛，一次拼字游戏，或是竞相追逐窈窕淑女，竞争就是竞争，没什么区别。攻心为上，打垮他的心理防线，让他自己对付自己，然后他就轰然倒地了，你甚至不用出手。

想要取胜，你用不着成为最棒的，或是最聪明的，你只需要采取正确行动。不管它是体能的较量还是智慧的比拼，赢家一定是那个心理上做足准备并且用上心理战术的人。你可以根据具体情况来选择该运用哪条策略，如果能综合运用，你的胜算会更高。

做好准备：成为心理战高手

找到成功的“锚点”。我们之前曾提到过，催眠师经常使用“锚点”技术，把本来无关的事件或情绪联系起来。让我们来复习一下：锚点就是在某个特定的情感（或某种特定情绪）和某些特定的刺激物之间的联系。刺激物可以是一幅图像，一种声音，一个名字，一种味道等。平常生活中就有这样的例子，或许你一闻伏特加的味儿就会恶心，因为好多年前你曾大醉过一场。或许收音机里传来的一首歌让你想起了一位多年不曾想起过的老友。这些都是锚点。就像舞台上的催眠师可以打个响指就让人入睡一样，你也可以锚定某种行为。

你可以利用锚点的力量，让自己发挥出最高水平。比如打网球，每次你打出一记漂亮的球，就跟自己说个简短的词，或是快速地做个手势。这就是在给你的行动设定锚点。等你想进入那种理想状态的时候，你只要重复一下那个词，或是做做那个手势，你的大脑就会把你带入那种情境。如果能正确地运用这个方法，它的威力可不得了，不管任何时间，它都能把你带入心智或体能的巅峰状态。你可以把自己“调校”到适宜的状态里。当你处于理想状态的时候，锚定这种状态，只要你想充分调动自己，做出漂亮一击，就能释放出它的威力。

专注。人类有条天性无可否认：当你专注的时候，你就会全力以赴。永远永远不要在心怀恐惧的时候出手。记住，一切伟大的战役首先都是心理战。如果你觉得自己心理上还没准备好，没有到达最佳状态，只要能推迟你就推迟，不要贸然采取行动。

理想状态。理想的状态就是进入“忘我”境界。而进入忘我境界，靠的就是专注——聚精会神，全神贯注。这会让你忘掉自己的表现，不去乱猜后果。当你全神贯注在目标上，你的“自我”就会引退，你就可以丝毫不受情绪影响地追逐目标。把所有的注意力放在结果上，不要分心考虑你自己。

心理演练。设想你处在理想状态的样子和举止，用心去体验那种感觉。研究显示，这种心理演练的威力和真实练习一样有效。在脑海中创造出你想要的完美景象。你说话的声音是什么样子？你看上去是什么样子？别人有什么反应？他们怎么看待你？把你想要的场面完完整整地在脑海中预演。在你用双眼看见胜利场面之前，先用心灵去看一遍。

永远有后备计划。这样做，你的视角会更全面，得胜机会也更高。但是，这样做的时候要注意：不要太快放弃原先的计划，好像你已经做好了失败的准备似的。唯有在原来的计划完全行不通的情况下，再采用后备计划。军队打仗的时候，如果进攻出现了岔子，他们总会有应急方案可用，可以继续前进。请记住，只要你有所准备，无论发生什么情况，你总能继续向前。

巧妙竞争：使用心理策略，占得先机

要是鲨鱼和狮子打起来，谁会赢？当然，要看它们在哪儿打。人也是一样，只要有可能，就要利用“主场优势”。在熟悉的环境中你会更加自在，但对手正好相反。如果可能的话，先去“战场”踩踩点，熟悉一下环境，到时候你就会更加从容。

社会助长作用（social facilitation）的意思是，有人在场会影响我们的表现。研究显示，在简单任务上，这种效应会有助于我们表现得更好，但在复杂任务上则刚好相反，它会妨碍我们发挥。这些研究还进一步显示，如果你特别擅长做某件事，不管它是简单还是复杂，有人旁观总会让你发挥得更好。如果你自信心不足，做得也不熟练，那别人的旁观就会让你表现得更差。因此，如果你的对手比你更熟练，就不要让别人旁观。可是，如果你比他强，那就找人来观战吧，因为这会让你发挥得更漂亮，让对手更狼狈。

史上最伟大的战略家和军事家孙子曾说过，永远要出其不意，攻其不备。让敌人措手不及，这是得胜的关键。不按常理出牌，对手的心神会被你扰乱，想打下攻坚战？就这样做吧。如果对手的注意力被分散了，他的目标就会模糊。而且，先出手会让你有更多选择。进攻是灵活主动的，而防御是被动的。一旦出手，就不要停。在精神上击垮对方。发动持续的攻击，让他心神俱疲，他就会被你击垮。

总　结

- 只要有可能，抢占主场优势。
- 如果你觉得比对手胜算更大，就找些人来观战；如果你把握没那么大，就拒绝围观吧。
- 想要发挥得漂亮，就使用“锚点”，你可以随心所欲地进入巅峰状态。
- 出手时决不能心怀恐惧，全神贯注在目标上，别考虑结果。
- 在脑海中做演练，预演你想要的场景。
- 永远有后备计划。如果原先的方法行不通，要能够很容易地采用另一套方案。
- 出其不意，攻其不备。不按常理出牌，扰乱对手的心神。

秘诀2
赌博心理学

人们在赌博时的表现和生活方式总是如出一辙。这是因为人生本来就是一连串的决策和赌博，我们甘愿冒的风险，以及风险带来的后果往往决定了我们的人生。不少人的一生会连续犯下同样的错误，以赌博为例，我们就可以清楚地看到这一点。

在赌场里，类似21点的赌博项目只占到2%。而某些依靠赌博人的牌技的牌戏能够为赌场赢得20%的利润。那么，到底为什么大多数赌徒都会输呢？

股票市场只有两种可能：涨或跌。按照理论，每个人得胜的概率是一半一半。然而，每天有90%的人，如果单凭自己做决定，没人帮忙的话都会赔钱。为什么？因为这跟概率无关，而是跟策略有关。

赌徒A：追加赌注型

看看赌徒A的典型做法。他压了10块钱，输掉了；他又压了10块，又输了；现在他压20块，输了；30块，还是输。越是输，他就压得越多。这个人是追加型的，他下更大的赌注，希望一局就把之前输掉的全部赢回来。

赌徒 B：内心冲突型

看看赌徒 B 的典型做法。他压了 10 块钱，输掉了；他又压了 10 块，又输了；几局之后，他把赌注降到了 5 块钱。这是好策略吗？不是，因为他永远不会有成就感。如果他压下 5 块钱，结果赢了，那他会后悔这局为什么没多压一点；如果他输了，那就又多输了一次。而且他还会有点开心，这把输了，刚好证明他降低赌注的举动是对的！

那么，我们赢了钱会怎样呢？赌场买得起几百万美元一个的大理石吊灯，不是因为拿到政府补助，而是因为赌徒们不懂得何时收手！你玩的时间越长，赌场就越高兴。当你没钱了，就只好停手。但是，你赢钱的时候会停手吗？一般不会，因为没任何理由停手啊，于是你会继续玩，直到手气没了开始输钱，被迫停手为止。

那么，当你输钱的时候，不该提高赌注，也不该降低赌注，那到底该怎么做？研究发现，万一你输钱，你应该做一件赌徒最恨的事情——停手。然而，如果你正赢着，或是手气好得不得了，那么酌情追加一点赌注是比较合理的做法。

另一个有趣的事实是，所有不成功的赌博策略都是因为担忧结果。当你心怀不安和恐惧时，你的举动就不是理性的，而是感性的。这只会让你继续输下去。永远不要带着恐惧出手。如果你非赢不可，你一定会输。你必须一门心思扑在牌局上，而不是总挂念着结果。如果你心里在暗暗祈祷“让我赢吧让我赢吧”，那就说明你惧怕失败。最好的心态就是纯粹超然事外，你就会彻彻底底地全神贯注，丝毫不受情绪影响。如果你下的赌注已经高得输不起，那你是不可能不受情绪影响的。

你能回忆起那种全神贯注的状态吗？那时候，恐惧完全不见了踪影。只有纯粹的行动，你甚至忘了自己，只剩下行动。这种状态就对了，无论在赌桌上还是人生中，你都会赢。就像俗话说的，不在乎结果的人才会赢！如果你惴惴不安，心怀忧惧，那么等到更自信的时候再行动。如果你不喜欢做，就别做，不然你肯定输。咱们已经看见了，赌博的策略跟真实的人生是一个道理。因此，改变你的做事方法吧，跟着概率走，而不是跟着情绪走，这样才能增大你得胜的可能性。

总　结

- 当事情一帆风顺的时候，多下一点“赌注”，适当提高风险，这是合理的做法。占上风时，你要亲自决定何时收手，不要沦落到被迫停止的境地。如果情势不顺，就停下来，重整旗鼓。
- 只要能避免，就不要心怀恐惧地做事情。恐惧会遮蔽你的思路，让你只想着负面结果。如果你非赢不可，那你肯定会输，因为你一心想的是成败，而不是目标本身。学会超然事外，并且要在采取行动之前，就进入这种状态。

第5章

十七项应对妙招

生活不再有难题

生活中没有什么可怕的东西，只有需要理解的东西。

——居里夫人

这个部分里的内容都是极其有用的心理学策略，能帮你处理生活中最难对付的烦心事。如果你想把生活变得轻松点儿，或是让一切都顺顺利利的，这些策略可是无价之宝。对于人生中的小烦恼和不确定，你可以让它们顺着你的心意发展……屡试不爽。

妙招1
如何让他立即回电话

人们用来让别人回电话的方法真是五花八门。最没用但是绝大多数人都会用的留言就是“这事真的很重要！”这听起来就像是“你最好给我回电话……”或是“火烧眉毛了……”这些留言只能引人反感，毫无必要地造成烦扰。当然，具体问题要具体分析，但是下面列举的心理学策略是极为有用的招数，不管是谁，听了都会给你回电话。因为它们勾起了人类最为基本的天性：好奇心。

(1) 我弄清楚了！现在还来得及！给我回电话，到时候跟你说。
(2) 你真是太棒了，打给我，我电话里跟你说。
(3) 你帮了大忙了，给我回电话吧，我告诉你怎么回事。
(4) 你说的一点没错。打给我，我电话里跟你说。
(5) 你绝对会爱死这个！快给我打过来，我告诉你怎么回事。

但是，哪句话得到回电的速度最快？记住下面这个句子，不管你把它留在电话答录机上还是留给他秘书，你就坐等电话铃响吧：

“实在太感谢你做的事了……请给我回电，我一定要亲自谢谢你。”

这句话简直是回电必杀技。听到这样的留言，对方知道不会有任何麻烦事，没有任何令人头痛的难题，也用不着做解释。他心里涌起的感受是好奇加满足。这句话说明，你是个知道感激别人的好人（不管他为你做了什么），并且你的感激让他心里很受用。最关键的是，这句话很含糊。

不管一条信息有多么诱人，如果它把事情说得清清楚楚，那么听到留言的人会自行决定这事究竟重不重要，值不值得给你回电话。然而，要是他根本没有足够信息来做决定，就像这个例子一样，那他就没法决定要不要给你回电。你有类似的经验吗？一堆惯常的电话留言里夹杂着一条语焉不详的信息。如果你有过，八成你最先回复的电话就是那一条，因为你想弄清楚到底怎么回事，你会想万一它很重要呢。如果一个人清楚地掌握了信息，那他就能自行决定它是否重要。你不想让对方这样子吧？

人总是想搞清楚到底是怎么回事。正是因为这个，很多人会暂时中断跟好朋友的电话，去接听一条未知来电。为什么？因为他们不知道是谁打来的，万一很重要呢？未知在向我们招手。既然你希望人家给你回电话，那你当然得说清楚你是谁，但是余下的信息就别多说啦。让对方去好奇吧。把这些因素都融合在一条留言里，包你百发百中，不管是谁都会给你回电话的。

提醒

如果你是给一家公司打电话，问问接电话的人他们用的留言条是粉色的还是白色的（几乎所有的公司都用这些颜色的便笺纸）。得到回答之后，你就对他说：“那好，能不能麻烦你在留言条上替我画个小笑脸呀？”你一定会惊讶，因为很多人都会答应！等到你要找的那个人回去查留言条的时候，画着小笑脸的那张一定会最先跃入他的眼帘。

总　结

在留言里，你要流露出感激之情，但不要说清楚是什么事。人类有种与生俱来的好奇心，你的含糊其辞会让对方不由自主地想一探究竟。

妙招2

如何赢得原谅

唉，你搞砸了。你好内疚，发誓再也不会这样做了。如果这样的反省和道歉够用的话，那真不错。可是大家都知道，很多时候单凭一句“对不起”是不够的。下面就让我们来看看哪些心理学法则可以帮你快速赢得别人的原谅。

当然了，要是你欺骗了老婆或老公，想请求对方原谅，那你用的心理学策略跟由于堵车而迟到用到的肯定不一样。同样，用什么法子还要看是你“做错了事”,还是“说错了话”。我们先来看看行为不当怎么补救，然后再来看看失言怎么处理。如果你本意是好的，但结果很糟糕，那你就试试下面的方法吧。

研究发现，比起单纯解释原因来，别人会更容易接受你出错是因为外界状况超出了你的掌控。举个例子，如果你只是说“我做不到”，或是“我完全忘了这事”，那对方肯定没好气。然而，如果罪魁祸首是高速公路上6辆车接连相撞了，或是轮胎瘪了，你赢得原谅的可能性就大多了。这背后的原因是，没人希望被利用，或是觉得你根本“不在乎他”。因此，把原因转移到外部情况上去，你就能消除那些令他气愤或是让他觉得自己不够重要的因素了。

所以，如果你犯错是由于那些无法掌控的因素，一定要让对方知道。但要记住的是，你也必须告诉他，你已经考虑到这些因素了，但还是没能成功。例如，你因为堵车而迟到了，做解释的时候你要“先下手为强”，因为他可能会想：你明知这事对我很重要，干吗不早点出门？你一定要说出你已经预料到可能会堵车，但是其严重程度大大超过你的合理预想。

另一件需要记住的事情是，你的道歉必须诚恳而具体。研究证明，比起含糊笼统的解释，具体的解释更容易消除对方的怒气。记住，细节决定成败!

这些方法应该够用了，但是，如果还不行，你就需要使用下文中的方法。这些方法适用于更加严重的情况（比如丧失信任），而且外部因素并没超出你的掌控范围。

你做了错事的时候，对方会觉得遭到了冒犯。这是一种背叛的感受。他觉得你不够尊重他，不在意他，你根本不在乎等。所以，单纯说一句“对不起”是不足以弥补的，因为你还没能恢复他的尊严感。你的行为夺走了他的权力感。为了让他感觉好起来，你需要把他的心理状态调回到正常的水平。

下面的道歉4步法一定会帮你迅速地赢得彻底的原谅。

第1步：诚挚地表达歉意

跟前面所讲不一样的是，此时你需要为自己的行为承担全部责任，这很重要。不要转移目标，也不要找理由，那样只会让情况更糟。从某种程度上说，对方正等着你把责任推到别人身上呢。这样做没用是因为，如果你把责任转嫁到别的因素上，那么只有被转嫁的那件事或那个人才能够重建他的重要感。如果你承担起责任，修复的权力就掌握在你手上了。再说一遍，你必须让对方心里感到平衡。他需要知道你没有利用他，你关心他的感受。

接下来，为你的行为道歉。有时候我们会忘了把“对不起”这3个字说出来，尽管这句话还不足以达到效果，但它对赢得原谅却是至关重要的。有时候，这句话很难出口，但难说归难说，意义却很大。

最后，一定要诚挚。缺乏诚意的道歉无法令人信服。如果人家都不相信你，你怎么取得原谅呢。如果你并没有真正地感到抱歉，那么你很可能再次犯下相同的错误，让对方陷入更深的痛苦和悲伤。因此，千万不要心口不一。如果你内心深处并没有歉意和懊悔，很可能你需要重新考虑一下你们的关系，或是好好想想到底是怎么回事。

第2步：表示懊悔，接受惩罚

这是整个过程中非常重要的一步，让他知道你愿意面对并接受因你而起的一切后果。没有悔意的道歉就好像一辆没有汽油的跑车，看起来光鲜漂亮，却毫无用处。显示出你的悔意，就相当于你把他丢失的东西还给了他：他的权力。

即使你不把处置权交给他，他很可能也不会对你怎么样，但要记住，你的命运（至少是你们之间的关系的命运）现在就握在他手上。大方地把处置权交给他，而且要明确说出来这是他的权力——让他决定你的命运，这极其重要。他想要个公正的结果。他想实施一个人理当拥有的权利，希望得到应得的尊重。把你从他那儿拿走的还给他，你就能赢得原谅。你可以这样开头："我知道我错了，你完全应该生我的气。我愿意为自己的所作所为承担一切后果。"

提醒

研究表明，甚至在法庭上也是如此——如果你没有流露出悔意，得到的刑罚就会更重一些。你需要用言语来重建平衡，否则人们就会把惩罚当做纠正的手段。我们在平衡中找到公正，在公正中找到宽恕。

在极度严重的情况下，你可能要用上后面这条招数，让他迅速消气。听好了，你往前"再走一步"，自己提出惩罚措施，拣你能想到的最严厉的措施。接下来，他就不得不劝你别这样，因为他八成会觉得没那么严重，用不着这么厉害地惩罚你。这样做了之后，他的心理在无意间就产生了认知不协调。(这是一种让人焦虑的状态，当内心相互冲突时就会出现。为了减轻焦虑感，这个人必须要为不一致找出理由。)一旦他劝阻了你，他就必须要调和自己的感受，认为你犯的错也没有"像他想的那么严重"，在无意间为他的复杂情绪找理由。换句话说,他会在无意中说服自己:“要是他的错真有这么严重，我干吗还拦着他惩罚自己呀?”

第3步：做出解释

到目前为止，这些方法能把你从水深火热里拯救出来，但你要是想上岸，你还得再做些努力才行。请使用下面的方法。

向他保证，造成此事的诸多外部条件绝对不会再出现。他生气的部分原因是你的行为完全出乎他意料。也就是说，这种事已经发生了，而且很可能毫无预兆地再来一次。如果你能让他相信，那些因素绝不会再出现，那么他的焦虑会得到极大的缓解。你把事情孤立出来，指出这是异常现象，这会把此事对他生活的影响降到最低，他再也用不着面对这样的事情了。

好了，现在你该面对“为什么”的问题了。他心里失望透顶，完全不理解这是怎么回事，所以你必须要给他一个合理的解释，告诉他你为什么这么做。除非他理解了你犯错的原因，否则他永远不会满意，不会放手让事情过去。一句简单的“我也不知道为啥”或者“我真没脑子”一点用都没有，不会解除他对你重复犯错的顾虑。

但是，此处你会遇到一个挑战，绝大多数走到这一步的人都会在这儿前功尽弃。要怎样解释，听上去才不会像是为自己辩护?这是你需要做的最后一件事。

最好的解释就是把你的行为归咎于“害怕”。无论是私事还是公事，你都是在和人打交道。每个人都会理解害怕这种感觉。这种情绪原始又纯粹，比如,“我很害怕，因为一切太顺了。”“如果保险单的事我不撒谎，我怕你会炒了我。”“我撒谎是因为，我怕你知道了真相后会恨我。”

现在，你的行为不太像是离弃信任的背叛了，而更像是一个被恐惧冲昏了头脑的人做出的不理智举动。它让你显得脆弱，让他重拾权力感和自尊。通过安抚你的恐惧，他找回了控制感。

请记住，你的目的是让对方的心里感到平衡，这条方法(连同其他方法)正好能达到这个目的。这是因为，把你的动机同恐惧连在一起，会削弱你的自我感。简单说来，恐惧意味着你处理不了这件事。这正好跟傲慢自夸形成了鲜明的对比，相信你绝不想造成那种印象。

提醒

你有没有想过，为什么别人在路上撞了我们一下之后，我们会做两件事情？第一件事，你会生气。第二件事，你要看看那家伙长什么样子。首先，我们生气是因为此人不“尊重”我们；其次，看看这家伙长什么样，我们就可以判断此人是不是“故意”的。如果对方是个小老太太，你八成不会怎么样，但要是个小伙子，那就不一样了。这是因为，我们会假定老太太肯定不是成心的。你的全部反应都建筑在“自我感”之上。有人冒犯了你，于是你会生气。

第4步：向对方说明你没得到任何好处

最后，你要让他知道，你的行为没给你带来好结果，没有开心，没有金钱回报，总之没有任何好处。既然没人能回到从前，你就得说明你的举动不但是个错误，而且没带来任何预期的好处。记住，不管是私事还是公事，原谅的关键都在于关系的平衡。如果你有所收获，那么为了让一切归位，你必须要“归还”更多。绝对不要提起你的行为给你带来了任何收益（外部回报）或是满足感（内心回报）。例如，你可以这么说，“那艳遇糟透了”“偷来的钱我一个子儿也没花”“后悔死了，还不如不做呢”等。

这个办法会调动起对方原谅的心思。现在，你只需要等待，让唯一无法控制的因素帮助你：时间。一旦时间够久，一切都会恢复原状，你的生活又会恢复原来的模样。

上面说的那些适用于行为失当的情况，但有时候是我们的言语伤害了别人。有一招叫做“推而广之”，可以轻松对付这种状况。对于那些容易脱口而出，开口之前不大经大脑的人来说，这个方法可谓是救场宝典啊。

如果你当面冒犯了人家，赶紧补一句“我开玩笑的”是不足以安抚他受伤的感情的。因此，你的话一出口，就要赶紧把它“推而广之”。比如，你跟一个同事争论起来，你脱口而出“你简直是无能”（天哪，你怎么能说这种话……）。你立马要这样补救：“这该死的公司里人人都这么无能！”我们会感到受了冒犯，很大程度上是因为我们觉得对方是专门冲着我们来的。后面补上的这句话能消除这种针对性，对方会认为这是个普遍看法，不是特意冲着他来的。因此，他不会感到受伤，也不会觉得自己有问题——他八成会觉得你该去休个假了。

如果你的话遭到误解，或是无意间冒犯了某人，那就把你的话推而广之，放到更大的背景里去。例如，“不是，我不是说你让我抓狂，我是说每个人都让我抓狂。”既然他是从别人那儿听来的，这种解释应该足以撇清你的干系了。

总　结

- 比起单纯解释原因，如果你出错是因为外界状况超出了你的掌控，对方会更容易接受。
- 如果外界状况并没超出你的控制，也就是说纯粹是你的问题，那么让对方知道，你会为自己的行为负全责。
- 道歉要诚恳而具体。
- 让对方知道，你准备面对并接受一切后果，而且你的命运就掌握在他手里。你必须让他重新找回权力感。
- 告诉他，导致你犯错的条件以后绝对不会再重演。
- 如果你犯错的部分原因是出于害怕，那么就解释清楚为何恐惧感导致了你的行为。
- 让他知道，你的行为丝毫没带来预期的收效。

妙招3
如何传达坏消息

天有不测风云。万一碰到必须传达坏消息的时候，这些策略能帮上大忙。你会发现，无论在任何场合，只要你改变传达信息的方式，对方的反应都将会大大不同。

对于听到的东西，我们会先产生认知，进而产生相应的情绪。在这个过程中，语言有着极大的影响力。因此优秀的推销员明白，不能说“签合同吧”，而要说，“来处理份文件”。尽管你做的事情都一样，但是“签合同”会让人觉得很不舒服，因为自打小时候起我们就被灌输：不要轻易签署任何东西、签合同之前必须要律师先看过。但是“处理份文件”，听上去则很轻松，完全不必担心。

邪教头目很明白语言的威力。1997年，39名“天堂之门”的信徒集体自杀。在这些人自杀前拍摄的录像带中，你能不断听到信徒们称自己的身体是个“载体”。摧毁一个“载体”要比摧毁自己的身体容易得多。渐渐地，他们开始接受“身体只不过是个载体”的观念，因此它并不重要，没什么价值。所以在他们看来，“抛弃”一个载体没什么大不了的，于是他们结束了自己的生命。

提醒

政客们深知，词语能够有力地影响人的态度和行为。比起“战争”，“军事行动”的说法就好得多，尽管它们说的是一件事。人们也更愿意听到"间接伤害"这个词，而不是"平民的财产被意外摧毁。"听到"友军炮火"，人们的反应不会像听到它的直接意思那么剧烈，哪怕说的是我们的士兵朝着自己人开了枪。同样，看晨间新闻的时候，比起主播直截了当地说出"死掉"二字，"伤亡"这个说法听上去就没那么震惊。绝大多数人都明白这些词语的"真正"意思是什么，但这并不重要。重要的是表达方式，以及我们是如何消化吸收这些信息的。

语言之所以能改变我们对现实的感知，是因为我们是通过词语来看世界的。语言是思想的基础，而思想是情绪的扩展。因此，通过选择正确的措辞，你可以从本质上减轻别人对某件事情的反应。那么，什么是"正确"的措辞呢？

避免刺耳的词语。不要使用有强烈负面含义的词。这样可以避免对方产生和听见"签合同"一样的自动反应，并且能让对方更缓慢地接受并理解。如同身体遇到过分疼痛时会"一震"，心理也是一样。然而，如果我们能够和缓地接受信息（使用和缓的语言），震惊感就会被稀释很多，这能极其有效地降低消息的冲击力。人们常说，"时间是治愈一切的良药"，就是因为当事情突然发生的时候，我们会不知所措，猝不及防的坏消息增加了痛苦。而时间则能让我们更加客观地看待问题。

好比说，你刚发现 9 岁的儿子搭车去兜风，结果被警察送了回来。你多半会觉烦心，这很正常。但是，如果你刚发现你 19 岁的儿子在 10 年前搭过车呢？两种场合下，你都是刚刚得知，但你的反应会截然不同。为什么？因为时间。时间是个威力强大的心理学工具，能够戏剧性地改变我们对事情的看法。

提醒

语言也会影响到我们的记忆。洛夫特斯（Loftus）对证人所说证词的研究显示，问题里的用词能在极大程度上影响人们对细节的回忆。例如，在交通事故中，一组人被问及"肇事车辆把另一辆车撞烂时，车速有多少”，另一组人被问及“肇事车辆撞上另一辆车时，车速有多少”，结果前一组人给出的“估计”数字就比后一组更高。

对信息的处理也会受到信念系统的影响。对一件事情抱持的信念会决定我们对它作何反应。例如，在有些文化中，认为出生是一件欢悦的喜事，因此会庆祝它。并且他们认为死亡是不好的，因此在葬礼上会哀伤。但是在某些文化中，死亡是一种辉煌的生命形式的转变，是值得庆祝的事情，因此他们在葬礼上就很欢悦。请注意，决定我们感受的并不是事件本身，而是我们对它持有的信念。对一切信息的反应，特别是悲哀和糟糕的消息，都在于当事人怀有什么样的信念。

如果某人对生活中的一件事感到悲伤，其原因离不开以下 3 条认知信念：(1) 他相信这种状况会永远持续下去；(2) 他觉得这是个重大危机，也就是说，此事的严重程度被夸大了；(3) 他觉得这事情影响特别强烈，会波及他生活的其他方面。

一旦有上述信念出现了，我们的焦虑感和沮丧感就会急剧上升。相反，如果我们认为某个问题是暂时性的、孤立的、无足轻重的，就完全不会为之挂怀。只要人为地削弱这些因素，你可以立即改变对方的感受，把它变得更积极正面。当然，具体怎么做还要看坏消息的类型是什么，但是，如果你至少用上其中一条，你就能有效地降低不愉快的感觉。

还有一点很重要，需要牢记在心：如果信息含混不清、意思模糊，我们通常会不知所措。此时我们会参照旁人的反应。例如，如果你正身处一家拥挤的影院，忽然有人高喊“着火了”，你会如何反应？研究发现，如果其余观众还安坐在位子上，你也会继续坐着。但是，如果人们开始疯狂地向出口涌去，很可能你也会赶紧起身。

如果我们不能确定某事究竟是什么意思，我们就会回到自己的世界去寻求信息，看看应当“悲伤”到什么程度。你说得越放松、越笃定，对方就会越冷静。

还有另一条应作为你整体策略之一的心理学策略：对比定律。我们不是单凭事情本身来衡量严重程度的，而是会和其他事情作比较。说到底，就是我们会把事情做对比（第一部分中对这个现象有更为深入的讨论）。如果把一件事跟更加糟糕的情况相比，它就会显得没那么严重了。例如，你去修车，结果技师说整个刹车系统都得换，你多半会很不开心。然而，如果他先告诉你发动机、变速器、排气系统统统都要换，结果1小时后告诉你只要换张前刹车片就行了，你多半会想："嘿，这回运气真不赖。"起决定作用的并不是事情本身，而要看它的背景和"上下文"怎样，看它和别的事情的对比程度。

咱们来看一个包含上述所有策略的例子。尽管要看具体状况，但是以下的策略能够极大程度地缓解心理影响和痛苦。在这个例子中，医生要告诉病人他得了糖尿病。看看两位医生说的话，如果你是那个病人，更愿意从哪位医生口中得知真相？

医生A

某某先生，很遗憾地告诉你，你得的是糖尿病。化验结果刚刚出来了。不晓得你知不知道，这种病可能是致命的，可能会引起严重的并发症，比如截肢和失明。你这辈子怎么样，就决定于饮食和运动了。我真替你感到难过。

医生B

你身体状况不错，只是血糖浓度有点不稳。这个结果让我挺放心的，也很高兴你能来做检查，不然它有可能会变严重。不是你一个人得这个毛病，成千上万的人都有糖尿病，这只是听起来有点可怕而已。最好的消息是，处理得好的话，它完全可以控制，你根本就感觉不到。这问题应该已经出现了一段时间了吧，好好注意饮食，适当锻炼，你的精力和体力都会变得更好。

看见了吧，两位医生说出来的信息都一样，但是医生B是逐步说出来的，让患者慢慢接受事实，逐步理解了状况，这些做法明显地缓解了消息的冲击力。他的措辞更加柔和，并且传达出积极的信息，比如身体状况会好转。整个调子是积极正面的，而且用了类似"我很高兴……"的话，而不是“我很遗憾……”当然，患者还需要了解更多细节，但不是现在。一旦新消息被消化理解了，就可以告诉他更多信息，而不会引起常见的震惊和抑郁。

总 结

- 避免使用刺耳的、负面的措辞。语言是思想的基础，而思想是情绪的扩展。因此，通过选择正确的的词语，你可以从本质上减轻别人对某件事的抵触反应。
- 如果有可能，解释此事（或它的某些方面）是暂时的、并不重要的。
- 使用对比定律，告诉对方这事原本会比现在更加严重。

妙招4

如何迅速又顺利地把东西要回来

很多人都曾经借东西给别人，追讨的时候都让人十分不自在。当然了，本不该你开口去要的，借东西的人应该不等你说就主动还回来。但是，如果他没还，本书会教你如何迅速又顺利地讨回东西。（顺便提一句，如果你不大好意思说“不”，那就看看下一节，然后便可以再也不用带着内疚感说不了！）

很简单：**直接开口要**。有时候，最直接的法子最管用。你必须说出个强有力的理由，为什么你现在需要用到它。比如，“山姆，上礼拜我借给你那 250 块钱，我现在需要用了，有张账单明天就到期了。”简单，直接，直击要害。如果我们生活在一个理想世界里，这一条估计就够用了，但是，既然这世界没那么理想，所以只用这一招往往还不够。

这条不行，再用几招。既然此人手里有你想要的东西，你得“提高赌注”，用上他的“自我感”。方法多种多样。以下的方法可以按顺序使用，直到你达到目的为止。你可以看到，这几条方法的“严重级别”越来越高。

告诉他，你认为他是那种会正确处事的人。实际上，你最尊敬他的就是这一点。这种话会唤起他的自我价值感和信念体系（前面章节中我们曾详细探讨过这个）。如今，要是他不还你东西，他就要重新评估他的自我认知。你可以这么说，“喏，萨曼莎，我一向喜欢你处事公平又正确。”过几个小时，开口向他讨回那笔钱就行啦，他会无意识地想做出“公平又正确”的举动。

唤起他的尊严。告诉他，你们俩都认识的某个人（街坊邻居或理发店的熟人都可以，你用不着指名道姓）对你说，你永远别想把钱要回来啦。你可以说，“我可不想被他们说中了，显得咱俩跟傻子似的。”这会让他觉得，每个人都在对他议论纷纷，他得采取点补救措施——把欠你的钱还给你。

要是上面那条还不管用，那你就要出点狠招了。**告诉他，你要把这事告诉别人，省得别人再借钱给他。**绝大多数人会用尽一切手段保护自己的公众形象，尤其是这么简单容易的事——还钱。

总　结

- 直接开口，说出个强有力的理由，说明你现在需要用到它。
- 告诉他，你认为他是那种会正确处事的人。
- 唤起他的尊严。告诉他，你们俩都认识的某个人说你永远也要不回来借给他的东西。
- 告诉他，你要把这事告诉别人，省得别人再像你似的借东西给他。
- 要记住，人们愿意给自己喜欢的人帮忙。没错，是有这种人的，他们觉得把东西还给你是帮你的忙。要是上述方法都不管用，那就看看第1章，来帮你把东西成功要回来吧。

妙招5
如何问心无愧地说“不”

“不”是个完整的句子，只要说出来就能表达清楚你的意思。但是，如果你觉得说“不”可能会引发争议，那就使用下面的方法吧。这个方法是最棒的心理工具之一，必将解除你的困扰。

有一条说服策略，叫做“互惠原则”。说的是，如果别人给我们帮了个忙，我们往往会想要回报。之前的章节中我们曾简单地提到过这个原则。在机场，你会遇到宗教团体的人发放鲜花或其他类型的小礼物，也是这个道理。他们清楚，绝大多数人会感到必须要报之以小额的捐赠。我们知道用不着非得给钱，但不给的话心里会很难受，尽管并不是我们主动索要那小礼物的。一旦有人给了我们什么东西（比如时间、信息、礼物等），我们会觉得欠了对方的。正是因为这个，在买东西的时候，如果销售员一直陪着你，好多人会觉得不买点东西就过意不去，毕竟人家在你身上花了那么多时间。能以某种方式回报的话，我们心里就会好受得多。绝大多数推销员都知道，如果他们在你身上花了好多时间，给你看这看那，给你演示商品怎么使用，你就会觉得不买不好意思，哪怕你拿不准自己是否真的需要它。

所以你可以把互惠原则反过来用：**在你拒绝别人之后，立即请对方给你帮个忙，但这个忙必须是他多半不会帮的。**这样一来，他一回绝你，你的“债”就还清啦。买东西的例子也是一样，你买件衬衫来回报销售员在你身上花的时间，在潜意识中，你们“扯平了”。如果你说了“不”，他也“报以”一个“不”，如此一来，他心里就平衡了。

例如，有个朋友打电话给你，问能不能借你的车。你说“噢，不行啊，因为我也要用车，但很高兴你打来电话。下周我出门的时候你能不能帮我遛遛狗？”现在，轮到他向你说不好意思了，然后再跟你解释一番为何他没法帮你的忙。这方法非常管用，哪怕是对方故意想勾起你的“负罪感”都没问题。在拒绝了你之后，他们很难再继续请你帮忙，因为那实在太尴尬了。请注意：你得确保请他做的那件事是他不会做的。或者，你可以提出个无理要求，万一他同意做，你给他帮忙也就是应该的了。

这个方法还有个奇妙又有效的“加强版”。注意到上面例子中的“因为”二字了吗？也就是你不能答应他的原因。兰格（Langer）、布兰克（Blank）、查诺维茨（Chanowitz）1978年的研究指出，“因为”二字有着惊人的威力。

在插队复印文件的试验中，兰格的同事说道：“不好意思，我能用用复印机吗？”一半多一点点的人同意了。奇妙的是，兰格发现，如果他们换种说法，几乎每个人都会同意。这说法是：“不好意思，我能用用复印机吗，因为我有东西要复印？”这句话根本毫无逻辑，你要用复印机，当然是要复印东西了。那么，为什么它还这么有效？这是由于“因为”二字会唤起潜意识的同意，然后人们就会自动给它加上一个理由。我们听见了某个词，于是做出一个几乎是巴甫洛夫式的反应。不管那理由成不成立，我们都假定它是有道理的，因此我们就懒得多想了。

所以，当你要说“不”的时候，不妨直接开口说，然后用上“因为”二字，接下来再请对方给你帮个忙。这样不但不会引起任何不愉快，而且你的感觉会很棒。

提醒

如果你不确定能不能帮忙，不要说“让我想想看”。最聪明的做法是马上响亮地回答一句：“好的！”如果你帮上忙了，那当然最好；但是如果没有，对方至少知道你尽力尝试了，因为当初你很热情地答应了。因此，你没有帮上忙的原因不是你不想，而是你不能。对方请你帮忙，马上说一句“没问题！”万一你帮不了，看上去也不会像是在给自己找理由。

总 结

- 拒绝别人后，马上请他给你帮个忙，说一件他不会去做的事。他一回绝你，你的“欠债”感就会消失。
- 在你拒绝他的请求的时候，用上“因为”二字来解释你为什么不能帮忙。“因为”二字会引发人们毫无意识地接受你后面的理由。

妙招 6

如何把讨厌鬼变成好朋友

如果有人对你态度粗鲁刻薄，多半是因为以下 4 条原因。(1) 他认为你不喜欢他；(2) 他觉得你对他是个威胁；(3) 他对谁都这样；(4) 你做了什么让他不喜欢你的事。如果是因为第 4 条，那么请翻回本章中的妙招 2“如何赢得原谅”。如果原因属于前 3 条，请你继续读下去，学会一条成效卓著的心理学策略，这条策略足以扭转任何一个人对你的态度。

要确定问题不是出在你身上。我的意思是，研究显示，拥有正面自我形象的人会倾向于认为他人的态度都是友善的。反之亦然。对自我形象没信心的人容易认为别人都不喜欢他。(因为这种人不喜欢自己，所以他们觉得别人也会出于同样的原因不喜欢自己。) 因此，如果你的自我形象很负面，很消极，那么可能是这个原因让你觉得人家不喜欢你。要是这样的话，市面上有很多非常好的、关于如何建立正面自我形象的书应该能帮到你。

撇开自我形象的问题，如果你心里“期望”某人不喜欢你，他会真的变得不喜欢你。哪怕你的自我形象很正面，但是如果你认定一个人不喜欢你的话，你越看他就越觉得这是真的。此外，你的“期望”甚至会导致他这样做。在人际关系中，期望是个举足轻重的角色，因为我们已经在这本书中看到了，人们会按照你期望的方式来对待你。你要弄清楚，导致不和的原因不是你的态度或信念。

假设你的自我形象、信念、态度都没有问题，那么就看看这个领域内的研究成果吧，学会这个好用的方法，任何人都会变成你最好的朋友。

许多研究都表明，一旦我们发现别人喜欢我们，我们也会相应地喜欢他。这叫做“好感互生”(reciprocal affection)。一旦我们得知对方钦佩、尊重、喜欢我们，我们就会倾向于报以相同的情感。

那么，把好感传递给对方的最佳做法是什么呢？让第三方，比如你们共同的朋友，转述你对此人诚挚的欣赏和尊重。一旦这个消息传到了那个人耳朵里，他过来拜访你的速度会快得令人惊讶。无论对方是同事、老板、助手，还是邻居，每个人都希望得到别人赞赏。让第三方帮你传话，去告诉对方你对他的诚挚好感，然后你就坐等奇迹出现吧。

你或许会想，“为什么不能亲自对他说呢？有必要这么偷偷摸摸地让第三方传话吗？”还真有两条你不宜亲自告诉他的理由。第一，他很可能会觉得你不够真诚。当我们从第三方嘴里听到某件事的时候，很少会怀疑它的真实性。这是因为我们会想：“他干吗要对我撒谎呢？”

第二，人类天性中有个小怪癖：柯蒂斯（Curtis）和米勒（Miller）在 1986 年的研究指出，拥有正面或适中自我概念的人会以好感来回报别人的好感；而拥有负面自我概念的人却有不同的反应。就像你的自我形象会曲解别人对你的看法一样，对方的自我形象也会扭曲他对你的看法。如果他自认为不值得人家喜欢，你的善意会被视作毫无根据，他八成不会有任何回应。根据简单的逻辑，自视甚低的人应该盼望得到人家的喜欢，但是你必须绕过他的心理障碍。

如果他把你视作威胁，那么他对你没好感是因为妒忌。你可以用类似的方法消解他的负面态度，只要做一点点调整就可以了。此时，你要强调的是，你是多么钦佩他的为人和所作所为。一旦他知道你尊重他，他就很难对你态度差了，任何人都不例外。让他知道（同样要通过第三方转告）你尊重他，你就和他站在同一条战线上，他不会再把你视作威胁，而是把你当做盟友。

好了，你运用“第三方传话”的方法扭转了他的态度，但是，真到了当面说话的时候，是不是只要寒暄两句就行了呢？谈谈天气也不算坏，但是，如果你真想造成冲击的话，就使用那个最古老的、让人对你产生好感的办法吧。这个方法来自人性大师戴尔·卡耐基。跟他见面攀谈的时候，牢记下面这句话！不要光努力让别人对你感兴趣，你应该流露出对他们有兴趣，这样他们会更快地喜欢上你。让一个人大谈自己，那简直是易如反掌。你只要向他提问就行了，话匣子立即就会打开啦。

但是，这种单方面的“谈话”更像是独白，而不是对话。所以，当你谈及自己的时候，记住这条人类的天性：我们不仅喜欢那些喜欢我们的人，也喜欢那些和我们相似的人。如果他发现和你有着共同的信念或想法，你就好比建起了一座心理的桥梁，他会感觉跟你更加亲近，对你的态度也会更好。

还有，最重要的一点是：请记住，别人喜欢你不是因为他对你有什么感觉，而是因为你让他对他自己产生什么样的感觉。你可以花一整天，尽力让他喜欢你，对你产生好印象，但真正起作用的是你让他对他自己有什么样的感觉。不管你们之间的关系如何，让他感觉舒适自在，受人欢迎，放松惬意，你就向温煦、真诚、长久的友谊迈出了一大步。

总　结

- 首先，确保不是你的问题。如果你预先认为某人不喜欢你，你八成会带着有色眼镜去解读他的行为。
- 告诉第三方，你真诚地喜欢、钦佩并尊重那个人。会得到“好感互生”的效果。
- 对他感兴趣，比你花上一整天时间想让他对你感兴趣更有用，他会更快喜欢上你。
- 聊聊你们的共同点，想法、价值观、看法等。
- 他喜不喜欢你，要看你让他对他自己有什么样的感觉。或许你是世界上最好的人，但是如果你让他感到微不足道，他也不会喜欢你的。

妙招7

如何在声誉受损之前消灭谣言

想不想用不着辩护就能捍卫自己？想不想扭转错误的指责，让它们为你所用？现在，用上这个百发百中的心理学策略，你可以在谣言刚露头的时候就消灭它。

谣言滋生在“隐秘”和“匿名”的土壤里。意思是说，闲言碎语之所以会广为流传，是因为它“偷偷摸摸”的天性。如果你把源头揭露出来，它也就枯竭了。大多数情况下，一旦造谣者被曝光，他就不大会继续散布下去。

有项研究证实了这条策略的效果——匿名的身份减少了人们的禁忌感。津巴度(Zimbardo)曾经让纽约大学的女生们穿上白色外套，套上兜帽。她们被要求给一个女人施以“电击”。（当然那电击不是真的，但是受试对象以为是真的。）比起另一组没有蒙面而且身上挂着清晰姓名标牌的实验组，这一组按下按钮的次数是那一组的两倍。

对那些我们不觉得是“真人”的人，以及不在眼前的人，我们会更容易做出伤害他们的举动。在战争中，一个在城市上空扔下炸弹的飞行员心里受到的创伤要比一个面对面射死人的士兵轻。许多类似的实验都证明：当我们跟某人离得很远，我们看不见他，并且他的身体距离我们很远的时候，我们更有可能给对方施加身体伤害。在心理上也是一样，比如造谣中伤。请注意，这里有两条独立的心理学条件。第一条是视觉，我们是否能看见这个人；第二条是接近程度，这个人和我们的身体距离有多近。

这些研究指出，要阻止谣言四散，有3个办法。第一，找到散播谣言的那个人，把他曝光。让他知道，你知道是他干的。第二，让他知道你是个有血有肉的"大活人"。让他明白，那些谣言会伤害到一个真实的人。第三，如果可能的话，亲自做这些举动。真实的接近，也就是身体上的接近，会让效果很不一样。

好了，如果你知道是谁在散播谣言，这些方法都没问题。但要是你不知道谁在造谣呢？要是谣言四起，可你压根儿不知道是从谁那儿传出来的，也不知道是什么时候开始的，怎么办？再比如，你知道是谁干的，可是他根本不在乎谣言会对你的声誉造成损害，又该怎么办？如果遇到这些情况，下面的心理学策略能够极其有效地补救损失。

有几条关键因素，决定了谣言究竟是像野火一样迅速蔓延，还是像火星一样，闪烁几下了事。谣言之所以能传播开来，是因为它们很有趣，而且听上去像是真的。俗话说，部分的真实比彻底的谎言更可怕，就是这个道理。这是因为没人会去八卦明显不可能的事，但是，只要有一丝丝真实，人的兴致就来了，就会津津有味地谈论它。

但是你可以反过来利用这一点。**不要去否认、辩护，或是竭力阻止谣言，这反而会让别人更加信以为真。你只要散布一条更大、更不可思议的谣言就行了，让原来那条相形见绌，但是要跟它保持一致。**例如，有人谣传你偷公司的钱。否认只会让你显得更加心虚。相反，你可以说，你用了那笔"偷来的钱"去资助了你领养的36个孩子，或是你用那钱去预订了一个太空游的席位。现在，这条谣言新鲜热辣，但明显不可信。绝大多数人会觉得这根本就是假的。如果整件事一听就是编的，人们才懒得去从中抽出那一丝"真实"呢。这是因为谣言是个非黑即白的东西，要么是真的，要么是假的。由于谣言里极少有实物证据，因此每个人都是自行判断它有没有道理的。所以，它越是匪夷所思，就越没道理，也就越无趣。原先的谣言被明显的假话冲淡了，被无稽之谈埋葬了。没人知道该相信谁。

所以，如果你没法找出谣言的源头，那就把谣言升级得匪夷所思，这样一来，整件事就会变成彻头彻尾的无稽之谈。

总　结

- 如果你知道是谁传出的谣言，直接找到他，让他知道你清楚是他干的。
- 让他知道你是个有血有肉的“大活人”。让他明白那些谣言会伤害到一个真实的人。
- 不要去否认、辩护，或是竭力阻止谣言，这反而会让别人更加信以为真。你只要散布一条更大、更不可思议的谣言就行了，让原来那条相形见绌，但是要跟它保持一致。

妙招8

如何遏制语言暴力

当别人对我们恶言相向的时候，我们第一个反应就是自我保护。我们会这样反应：“你怎么敢这样对我说话”“我不喜欢你那样，我很伤心”“别冲我嚷嚷”等。我们把这件不开心的事变成了自己的问题。为什么要让别人控制你的感受呢？你一生气，就相当于把控制你情绪状态的权力拱手相送。这可是很重要的权力，对那个冲你发火的人来说更是如此。这些话不是虚无缥缈的励志建议，而是有心理学道理在里头的。

如果你能控制住自我保护的冲动，结果一定会令你惊讶。不要说“你怎么能这样对我？”试试看这么说“看来你今天不太开心。”不要说“我又没做错什么，别那样对我说话。”要这么说“看来这让你挺生气的啊。”不要接手对方的问题，那是他的事情，不是你的。一旦你用了“我”这个词，你们之间的心理学状态就会发生急剧变化。事情变成你和他之间的了。而使用“你”这个词，你把球留在他手里，问题仍然是他一个人的。

现在，不但你没有被他惹火，而且你还强迫他去好好想想，并且做出自卫举动，向你解释他的行为。你并没有促使他为怒气找理由，认为是你做错了事；相反，你问的是他哪儿不对劲，这就说明问题出在他身上，而不是你！让他冥思苦想去吧。

你会发现，由于你没有自卫，所以你的心情不受影响。只要你不去“接手”，这就不是你的问题！

如果这种辱骂行为时有发生，并且你和对方正在交往，那就试试下面的方法。人际关系的核心在于，别人对待你的方式是你训练出来的。

你需要让他知道，他的行为是不可接受的，你不能容忍。因此，第一件事就是让他注意自己的行为，让他知道这样做不可以。在完美的世界中，这样做就足够了。但可惜这世界并不完美。所以，我们来看看他为什么要这样做，以及你能做些什么。

他这样对待你，是因为这会让他感到自己很有权力。如果你担心自己的人身安全，那么就同意他“有权威、有权力”，以此来消除他的怒气。你可以说，“你是对的，我错了。”这句神奇的话往往能中止谩骂。然后赶紧离开，去找适当的权威求助。如果上述方法不够速效，用用这个办法：赶紧自贬，比他骂你还要厉害。他冲你大喊大叫，是因为他希望你也感受到他的情绪：生气、受伤、挫败、渺小。所以，如果你能让他相信你比他感觉还糟，他嚷嚷也就没什么用了。一旦你把自己“打倒在地”，他就没有理由再继续“拳打脚踢”下去。待他长篇大论的攻击一结束，赶快离开并且好好考虑一下你们之间的关系。

总结

- 忍住自我保护的冲动。别把他的问题接过来！一旦你用了“我”这个词，你们之间的心理学状态就会发生急剧变化。事情就变成你和他之间的了。
- 如果你担心自己的人身安全，那么就同意他“有权威、有权力”，以此来消除他的怒气。表现出一副“对你自己比他对你还生气”的样子。

妙招9
如何让他坦诚相告

如果你问了个问题，却只得到模棱两可的答案，是不是很烦？我觉得是。回答是有了，却没有一点有用的信息。下面的心理学工具能帮你轻松地把模棱两可的答复变成具体信息，得到一个更加直截了当的、真实的回答。以下是几个例子，看看含糊的回答是如何变成具体详细的有用信息的。仔细琢磨一下以下的场景。

评论：我觉得这会开得挺差劲的。
回应：为什么？
评论：我就是觉得挺差劲的，行了吧！

评论：我觉得这会开得挺差劲的。
回应1：一点有趣或者有用的地方都没有吗？
回应2：有人说了什么吗？还是你的感觉？
回应3：是你状态不好，还是他们表现得很差？

如果你的问题是想让他把意思说得更清楚，那么他会觉得非回答你不可。如果对泛泛的评价给出一句泛泛的回应，你只能得到同样宽泛的回答。

评论：我不知道自己行不行。

回应：你这是什么意思？你不知道？你为什么不行？

评论：我就是不知道，行了吧？

评论：我不知道自己行不行。

回应 1：困难在哪里？

回应 2：要想做到这件事的话，你需要些什么呢？

回应 3：需要做哪些改进你就能行了呢？

你会发现，在上面的例子中，有时候对方并没有成熟的想法。所以，通过这些问题，你可以帮助他仔细整理一下自己的想法，当然，结果就是你能得到更加清晰明确的答案。

没人喜欢身处一个必须为自己辩护的境地。因此，当你问对方他在想什么、或是心情如何的时候，他往往会说："我不知道。"这种回答会让谈话戛然而止，剩下你一个人去苦苦寻找答案。有些时候，只是因为"我不知道"这句话更容易出口，因此我们常常脱口而出。如果你像人们常说的那样，接上去问一句"怎么会？"，你多半会立即得到一句"我不知道"。总之，当你听到"我不知道"，就使用这些方法来得到想要的信息吧。（根据具体情况，选择一条最适合的。）

- 那好，跟我说说你对自己的做法有何评价，怎么样？
- 我知道你不清楚，但是，如果要你考虑的话，你觉得这事会怎么样呢？
- 能告诉我吗，哪个部分让你感觉还不错？
- 你觉得，以前有哪些情况跟现在类似？
- 哪种情绪最能描述你现在的心情？
- 只说一条原因，好吗？
- 哪个词最能描述你现在的想法？

在这些提问中，你缓解了对方的压力。表示了你知道对方回答这些问题不容易。你接下来的问题看上去已经转移了方向，但实际上仍然延续了原先的问题，并且让讨论朝着有意义的方向进行。

一句“我不知道”，也有可能意味着对方心存内疚，或是觉得自己的行为挺傻。这种情况下，你要解除他的心理负担。这条心理技巧很厉害，因为他可以说出真相，而不必担心你指责他。毕竟，他会觉得自己不是故意的。这个方法之所以有用，是因为他用不着为自己的行为负责，他并不是“有意”那样做的。他的行为动机是无意识的。你可以这样说，“我知道，你不太确定为什么要那么做，那你能想出有什么下意识的原因吗？”

总　结

- 如果对方的答案很含糊，那么你就问一个跟他的答案相关的、更具体的问题。如果你接着又问了一个泛泛的问题，那就只能又得到一个泛泛的回答了。
- 如果对方不确定该怎样回答，就请他说说对这件事的某个方面的感觉，而不是对整体的感觉。
- 问问他，是不是有什么下意识的动机。这会缓解他心里的内疚感，因为你暗示出这不是他有意的。

妙招 10

如何轻松处理抱怨

无论是公事还是私事，遵循下面的方法，你就能平息一切抱怨！

首先，认真倾听。让人惊讶的是，绝大多数人不知道该怎么倾听。什么也别说，什么也别做，只要静静地认真听就好了。你不用表示同意，也不要不同意，也别争论。其次你需要表示同意，但你现在就点头称是的话，他很可能觉得你只不过是在安慰他。所以，让他尽情地说，把想说的都说完，不要打断他，然后再表示同意。

有时候，人只是想一吐为快。所以，让他说吧。有时候他是想找人发泄，如果你不打断，说着说着他就没词了。如果你打断了他，就相当于给他添上了弹药，独白很可能会演变成激烈的争吵。

没人希望感觉自己被人操纵，或者被人利用。他之所以会生气，99.9% 是因为这个原因：他的自我受了伤。有些人不够尊重他，伤害了他。待他说完话后，你就使用下面的方法。

你可以大略重述他的话，让他知道你认真听了。然后用这样的话鼓励他，“像你这么重要的人，真不该受到这种待遇”“我知道你不习惯别人这样对待你”“如果我是你，我也会生气的”。这种话能彻底平息怒气。千万不要跟他对着干。完成第一步后，你就能彻底解除他的“武装”。通过认真倾听、点头同意、安抚他的自尊，你能让他感到自己很重要。这些步骤往往能够缓和情势。但是，如果这些还没奏效，那就继续使用以下办法。

现在，问问他想让你做什么。一般来说，他提出的解决办法会比你甘愿提供的补偿简单得多。在处理公事的时候，我们往往恨不得把全世界都拱手相让，只为能避免一个大麻烦。这是不对的。忍住你的冲动，问问他想要你做什么。

在私事里，抱怨往往比较含糊，比如“我不开心，”或者“你快把我气疯了”。尽管这很可能意味着有更严重的问题存在，但有个具体办法可以助你一臂之力。你要做的就是让他把不开心的具体原因说出来。

在你使用上述方法的同时，尽力在你们之间创造出和睦的气氛，让他喜欢你，也让他平静下来。你的举动能够强烈地影响到对方的态度。比如，当他抱怨的时候，你的胳膊交叉抱在胸前，那么你的肢体语言就在说“你什么时候才能闭嘴啊？”这会引起对抗情绪。这就是为什么诸如解开外套、或是把交叉手臂放下的举动能降低防范的感觉。如果你和他之间的气氛和谐，他就更容易感到自在，并且敞开心扉。和谐感能带来信任，在你和他之间搭建起心理的桥梁。你们的谈话会变得积极起来，你也会更有说服力。在创造和谐感觉时，有几条重要的提醒。

(1) 采用相似的姿势和动作：如果他一只手插在兜里，你也把手插在兜里。如果他做了个手势，过一会儿之后，你也做一个相同的。

(2) 采用相似的语速：如果他说话的速度是慢悠悠的，很放松，你也照做。如果他说话很快，那么你也加快。

(3) 采用相同的关键词：如果他喜欢用某个特定的词语，你也用。例如，如果他说：“这种待遇让我很不舒服。”过一会儿，你就这么说，“我知道，碰到这种待遇，你肯定很不舒服。”但是你要保证别让他觉得你这是在模仿他。露骨地模仿别人的举动是没用的。只要一点点“反射”就足够了。如果你能熟练运用，这个方法的威力是非常强大的。

如果是私事，对方的抱怨就是冲着你来的，那么就说出这个句子，然后看着他的怒气在你眼前烟消云散吧：“实在对不起，我惭愧死了。”同样，他的自我受到了伤害，他想把你打倒在地，找回一些自尊和心理平衡。坦承你的错误，会让他找到想要的感觉。显然，他想让你明白（这也是他心里想的），你是个大傻瓜。除了这个他没什么想说的了。

总　结

- 一句话也别说。只要认真听就行了。重述他的话。使用带有鼓励意味的措辞，挽回他的自尊，给他受重视的感觉。问问他，想让你做些什么。
- 使用上述方法时，创造和谐的气氛，让他感到舒适自在。

妙招11
如何让伴侣不吃醋

人们相信，在两性关系中，自信心较弱的一方容易妒忌别人。毕竟，如果一个人十分自信，自我感觉良好，那他用不着担心别人会把自己的伴侣抢走。这个说法流传甚广，却并不正确。因为，妒忌和自信心之间的联系并不大。实际上，一个人最有可能在跟“自我价值”相关的地方产生妒忌心理。

换句话说，增进伴侣的自信心不是解决办法。他只会在和自己的身份认同有关的地方感到威胁。例如，一位医生心生妒忌，可能是因为他听说另一位医生在某种手术上比自己技术更好，但是，听到邻居吉姆的网球技术比自己强得多，他却不会觉得怎么样。为什么？因为他压根儿不在乎这个。他是谁、他对自己的认同感如何、他怎么衡量自己的价值，要看他这个外科医生的技术高低，而不是网球打得好不好。

咱们来举个例子。好比说你是一位女士，有个富裕多金的男性朋友。你的男友长得又帅，人又聪明，对你关爱有加，工作也相当努力。但是他心里总觉得惴惴不安，他觉得自己不够有钱。这是因为在他看来金钱是个重要的因素。因此，在他眼中，你的那位朋友比他有价值，比他更“好”。一般来说，你的解决办法可能就是鼓励他，告诉他他有多棒，你有多关心他。但你也会发现这招没用，这些丝毫不能缓解妒忌的情绪。因为你没说到点上。相反，你应该解释的是，那位男性朋友有钱的“优势”对你来说根本微不足道，这样一来，男朋友的妒忌就立马烟消云散啦。

这个方法之所以有用，是因为你根本不重视那些别人有而他没有的东西。你的男友认为钱很重要，因此就觉得你那位朋友很有优势，他以为你也是这样想的。他的妒忌其实源于羡慕，羡慕你的朋友有而他没有的东西。

因此，你需要着手解决的是那位朋友的“优势”。你只需要给出一个合理的解释，说出为什么你不在意那些，他就好了。例如，你可以这么说：“看男人好不好，不是看他多有钱，而是要看他的朋友圈子怎么样。虽然我觉得他还不错，但我觉得有些人会挥霍钱财来吸引朋友，补偿心灵的空虚。我蛮喜欢他的，可我替他感到难过。”听完此话，你的男友就不会介意你跟那个人的友情了，因为他不再觉得金钱是个威胁。现在对你的男朋友来说，别人有钱的事实反而让他感到欣慰。

使用这个方法的时候，一定要用得轻松自然。这样他才不会觉得你在故意安慰他。轻松自然的表达证明你说的是真话，并且你希望他了解你的感觉，明白你不是为了抚慰他的情绪。

如果你碰上一个对世上所有人和所有事情都妒忌得要死的人，那你就要稍微换个方式了。此人妒忌是因为他心里有深深的不安全感，他会“误读”你的一切言语和举动，然后认为他完全不能相信你。哪怕是最无辜的举动也会被他误解，他的心理失衡了，根本不讲道理。恐怕他应当接受心理治疗，但有个方法可以暂时缓解问题。他妒忌，是因为他感到你们的关系不平衡，你比他强得多。他潜意识中相信你迟早会发现这一点。因此，如果你也明显地妒忌他所做的一切，他的观点就会大幅度地改变。有事实为证：你很少能见到两个人都对对方妒忌得要死吧。这是因为，一个人的妒忌会让另一个人的心态“调整”回较为中立的状态。

总　结

人只会在和自己的身份认同有关的地方感到威胁。增进自信心不是解决办法。你必须让他明白，那些他认为自己没有而别人有的东西，对你来说一点也不重要。他的妒忌其实源于羡慕，羡慕别人有而他没有的东西。

妙招12

如何取得最佳忠告

常言道，寻求忠告的时候，我们其实已经对答案心知肚明，却宁愿自己不知道。有时候，我们寻求忠告，只是为了证明自己的想法是对的。因此，如果你真的想听，就保持一颗开放的心吧。那些你能信任的人们说出来的中肯建议是无价之宝。问题在于，我们总是不会用正确的方式来获取好建议。

首先要牢记的事情是，向身边的人征求建议时要当心。好比说，如果你正干着一份不起眼的工作，想要重返校园深造一下，你觉得你的同事会有什么反应？妒忌和羡慕会悄悄侵入他的建议，因此你得到的忠告未必符合你的最佳利益。而且你的同事很可能会把自己遇到的不好的情况套在你身上。这倒不是说你完全没可能从他那儿得到好建议，只是难度比较大。

其次，绝不要向跟你的决定有利害关系的人（或是会因你的决定而有所损失的人）征求意见。人的看法越客观，忠告的价值就越高。很多人向朋友和家人寻求建议，但这些人往往跟结果有密切的利害关系。这倒不是说他们不会考虑什么对你最好，而是因为：第一，他们的判断会受到感情因素的左右；第二，他们有可能把自己的意愿加到你身上，却没考虑你的愿望。

我们为什么总是得到糟糕的建议呢？这是因为很难找到这样一个人，既了解什么对我们最好，又丝毫不带嫉妒之心，并且知道最佳建议是什么。

最后，寻求建议的时候，一定要记得广纳良策，听取多方不同的建议。

无论是面前的路该怎么走，还是人生的某个决定该怎么做，都向各方征求忠告。这会赋予你无价的洞察力，让你透彻地思考。你询问的人越多，你的视野就越开阔。通常，集各方之大成的忠告对你最有好处。你可以评估任何人的“头脑”，哪怕你并不十分了解他。想要让别人花时间和精力给你提建议，最好的方法莫过于这个句子：“有件事我想听听你的建议。”如果你能够用正确的方法寻求忠告，所得信息的含金量会让你大吃一惊的。

有时候，你并不想询问太多人，而你得到的两个选择中有一个对，一个错，却不知道究竟哪条才是对的。这种情况下，你只需要一个客观中肯的人，这个人在提供此类建议方面有经验。找一个在该领域内有智慧的人。这个人有经验，知道该怎么做，并且曾经很好地指导过你。不要找上一大堆人，征求他们的共同意见。因为这会受到个人品味和偏好的影响，而个人的意见往往是主观的。真相，或者说对你最好的建议，往往是客观的，最好是由在这个领域内有经验的人提出来。这是因为，如果只有一个选择是正确的，那你只需要咨询有经验的人就够了。

除了经验之外，你找的那个人应当有耐心听你讲完，会经过考虑再给你提建议。如果他没听完就很快打断了你，那他只不过是希望有人听他说话，而不是想帮你的忙。

总　结

- 带着开放的心态去寻求忠告，不要只是为了验证内心的想法。
- 不要向可能会嫉妒你的人征询意见。
- 不要向跟结果有利害关系的人征询意见，无论是情绪、财务或其他方面。
- 向各方广泛地寻求建议。得到的意见越多，你的视野就越宽广。

妙招 13
如何让别人顺利采纳逆耳良言

如果你想直言不讳，又担心惹恼了他，或是不想让他尴尬，那就使用这一章里的策略吧。你的意见或许逆耳，但他会顺顺当当地接受。你可以放心，用这种方法提出批评，你绝不会冒犯对方。

自我是人心里最关键的部分，因为唯有它会真正受到伤害。它是一种我们期望在众人心中建立起的形象。如果这个自我形象受到了威胁，我们会变得不安；当它受到了伤害，我们也会受伤（并且会用言语还击）。自我很脆弱，因为它只是个形象而已，当你跟别人打交道的时候，如果你不想伤害他们的感情，就一定要注意保护对方的自我。对方越是相信你说的是真的（也要看他的敏感程度），你就越要小心。

批评的方式有错有对，全看你用了哪个。你可能也有经验，听到批评时，有时候你的心态特别开放，可有些时候，哪怕是最轻微的批评也会让你窘得无地自容，或是让你特别想回嘴，为自己的行为争辩。你说了什么、怎么说的、在哪儿说的、什么时候说的，都会影响对方听取意见的态度。

整个策略中，最重要的就是选择“时机”。最好的谏言时机是事情结束，离开当时的场合以后。例如，你想跟伴侣讨论一下他的做爱技巧问题，千万不要在刚刚上完床的时候说。离开那种场合之后再说，比如几天之后一块儿开车的时候。

等事情过去一阵子之后再说。这和离开当时的情境同样重要。因为，尽管你嘴上说这事没什么大不了的，但你却立即就把这事提了出来。等几天再说，这样你就削弱了他的自我和那件事的联系，他对批评就不会那么敏感。你批评得越快（时间和情境上都如是），他就越坚持自己的做法，也越是会为自己辩护。

此外，提出批评意见的时候，遵循下面8条心理学策略，它们会帮助你顺利地提出谏言，却不会冒犯到对方。

(1) 不要说这事没什么大不了的，而是要让他知道，你说这些是因为你关心他，也关心你们之间的关系。

(2) 一定在私下里说。哪怕你觉得这不是什么大事，你最好还是关起门来说。

(3) 先说点恭维的话。比如,“比尔,你是世界上最好的爱人，我想知道……”

(4) 批评对方的行为，而不是为人。换句话说，不要说“你真是烦人……”更好的方式是说“你这人很不错，但偶尔你会做出……”

(5) 不要假定他是故意的。你最好把这事当做是他的无心之过。

(6) 如果可能的话，分担一部分责任。要注意，我不是说让你分担“罪责”。这条心理策略是让你和他共同面对这件事，而不是让你跟他对立。换句话说，你应当这样说“我本来可以更具体一点的……”这比说“真讨厌你这么干……”好多了。

(7) 提出解决方案。如果事情没有答案，那你干脆就别说。还有，如果你觉得无论你怎么说，他都不会听你的，那你也别说。要是你说了，也只是为你自己好，这对事情并无帮助。

(8) 批评最有效果的时候就是你告诉他并非只有他一个人这么干过。知道很多人都这么做过会减轻对自我的冲击力度。这意味着他不会认为这是冲着他一个人来的。其实，这就是我们会如此反感并自辩的真正缘由，我们认为这事就是冲着自己来的。

总　结

- 批评的最佳时机是离开当时的情境之后。
- 等事情过去一阵子之后再说。
- 告诉他，你说起这个是因为你关心他。
- 永远在私下里提出批评。
- 先说一句恭维话，再提出意见。
- 批评他的行为，而不是他的为人。
- 如果可能的话，分担一部分责任。
- 提出解决方案。
- 让他知道，并非只有他一个人这么干过。

妙招14

如何让他放心地全盘招供

想立即赢得别人的信任，让任何人对你敞开心扉，说出一切你想知道的事情……只要按照下面的心理学策略做就行了。

无论你是个警探，或是学校校长、神职人员，你都可以在几分钟之内跟任何人建立起信任关系。你的做法是：如果有可能，你先告诉对方一个秘密，或是你的某件私事。这显示出你信任他。但关键是，要让他觉得你是出于信任才告诉他。否则，他会以为你有毛病，把自己的私事拿出来乱说。如果他感到你信任他，那么他就更容易信任你。这不仅是迎合你，也是因为互惠法则在起作用。

当你讲出一些个人方面的事以后，他不但在心理上跟你贴得更近，而且觉得应当给你点回报，跟你讲点他自己的事情。他的心开始向你敞开了一点点，随后，真正的威力就要显现出来了。这是个不可思议的心理学现象，而且非常有效：一旦他给了你一些东西，哪怕只是他的看法，他就会比之前更加信任你。他对你说得越多，他就觉得跟你越亲近。这就为他进一步袒露心声铺平了道路。

这是一种毫无意识的交流过程：一旦某人跟你分享了一些东西，他就会更加信任你。潜意识里他是这么想的："我为什么要告诉你？肯定是因为我信任你。"为了减低认知不协调的感觉，他会得出结论说，他是真的信任你。

如果对方三缄其口，一点有意义的信息都不肯透露，你就试试下面的方法。问问他对一些神秘的问题有什么看法，比如上帝，或是轮回转世和堕胎之类的事。他会告诉你的，因为他觉得说说这些东西又没有威胁，你又不会拿这些东西来对付他。但是他已经“敞开”了一点点了，而且是以一种非常私人的方式。他说出的东西远不止是秘密，他告诉了你他是什么样的人，他暴露了自己的想法。正是这些让他觉得跟你近了一步，对你的信任增加了一分。

有趣的是，秘密和秘密之间并不平等。和我们的身份（即我们是谁）最紧密相关的因素不是我们的行为，而是我们的信念。这是个没人把守的后门，从这里你能很容易地走向信任。这种类型的信息更容易获得，因为对方会想，“这有什么大不了的？”但是，它会始料未及地暴露出他的弱点。当他说出对这些问题的看法时，不要跟他争辩这些看法是对是错。如果你“碰巧”跟他看法一样，你们之间的亲近感会大大增强。你也可以让他关注他的情绪状态，加强跟你沟通的渴望。

这种加强效应的发现基于一项关于“支持和情绪”的研究。把注意力放在对糟糕状况的情绪反应上，会引得人们更想说出自己的情绪。在这项研究中，FBI 的实习生参与了一项实验，扮演被劫持的人质。一组人被告知要关注周边的状况；一组人被告知要关注自己的情绪状态；余下的人没有接到任何指令。在这种高度紧张的状况下，关注情绪的那一组对情绪的自觉力度增强，并且强烈渴望寻求社会支持。

这个原理也或多或少地导致了这个现象：女性更关注自己的情绪状态，经常感到伴侣跟她们沟通得不够，或是没有给予她们足够多的情感支持。如果希望对方把注意力放在自己身上，在不知不觉间产生向你寻求支持的渴望，甚至向你敞开心扉，跟你分享。你只需让对方把注意力放在他对周遭情境的感受上，而不是情境本身就可以。因为这会大幅提升他的表达欲望，让他很想找个人聊聊，谈谈人生中令他感到有压力的事情。

不过你要记得，绝对不要恳求他说出来。让他明白，你希望知道这些不是出于好奇，而是由于关心。假如你恳求他说出来，这会显得你只是感兴趣而已，并不是真的想帮他。

最后，如果你想了解事情的细节，那就在适当的时候让他知道，说出来对他有好处。让他尽管放心大胆地说出来，这是个办法，但并不总是很有效。要给他提供切实的帮助。如果他干了错事，或是身陷麻烦，让他知道你愿意尽一切努力帮助他。情绪上的支持，再加上实实在在的帮助，他会愿意向你吐露心声的。

有些时候，对方干了一些自认不光彩的事情，最后一道障碍就是他怕告诉了你之后，不知道你会怎么看待他。所以，让他知道，你不会主观地评判他，而且很多人也干过这种尴尬事。此时也是个好机会，你可以跟他分享一点你的小秘密，说说你曾做过的类似的事。

如果他还没说出来，但话已经到了嘴边，只是需要一点点推动，那么下面这个方法会让他放心地说出心里话。这会迫使他思考自己为什么要那么做。要想达到这种效果，唯一的办法就是指出他的行为必然事出有因。

你说话时只要不断地重复下面的词句就会流露出明显的理解意味：

"你肯定是不得不那么做的，否则你是为了什么呢？"

"没人会毫无来由地做事，疯子才那样呢。你又不疯。"

"你那么做了，是因为当时你没得选择。这很合理啊，所以你就干了。你那么做是有道理的，是不是？"

这些简单的词句会卸掉他的防御，他会为自己的行为寻求印证。有时候这方法会立即见效，有时候需要等上一会儿。但是，如果一个人不断地听到这样的话，他的心理防线会溃然决堤，你就能得到想要的东西了。

总 结

- 告诉他一个小秘密，或是某件私事。当别人跟我们分享私密消息的时候，我们不仅在心理上感到跟他更为贴近，而且会觉得，我们也应该说一些私人的事情作为回报。
- 就一些泛泛的问题，问问他的看法。当他说出对这些问题的看法时，不要跟他争辩这些看法是对是错。如果你“碰巧”跟他看法一样，你们之间的心理纽带会更加紧密。
- 让对方把注意力放在他的情绪上，他会在不知不觉间产生向你寻求支持的渴望，他会想要敞开心扉，跟你分享。让他把注意力放在他对周遭情境的感受上，而不是情境本身。
- 在适当时候让他知道，告诉你会有好处。让他尽管放心大胆地说。
- 对方往往会担心你知道后会怎么看待他。让他知道，你不会主观地评判他，而且谁都做过不大光彩的事。

妙招15
如何回答棘手的问题

掌握自辩的艺术，相当于坐拥一份无价的资产。我们经常会陷入荒谬的争论，或是遇见愚不可及的问题。关于这种对话的书很多，但问题在于，它们都预先假定你们之间的对话是理性的、有智慧、有意义的。可是，你之所以身陷窘境，是因为你们之间的对话无法达到这种质量。让你深吸一口气然后告诉他你充分尊重他的感情等之类的建议不过是庸常招数。因为当你面对一个蠢货的时候，这种法子从来不管用。从理论上看这法子不错，但是，如果他感兴趣的是冷静有理的谈话，希望跟你交换意见，你压根儿就不会碰到这种事。这里所说的心理学策略的前提是，你们的交谈已经偏离了理性的轨道。相反，你需要使用强有力的方法，快速从这种场合脱身。

几乎人人会犯的两个严重错误

第一，自我辩护。争论或激辩的首要原则就是：绝对不要自我辩护。从你开始为自己辩护的第一刻起，你就已经输了。你已经落在人后。一旦这么做，你就证明了对方的话是对的，你就没多少退路了。不幸的是，这是我们大多数人的第一反应，而且别人一向是这么教我们的。但这是错误的做法。但凡你见过处于自我辩护地位的人，你就知道，他不但看上去就是一副“有罪”的样子，而且马上就会沦为辩方角色，变成激烈言辞的攻击目标。

我们会犯的另一个严重错误就是，接受对方的逻辑前提，在它的基础上展开争论。比如有人对你说："你的气色不好，为什么不好好照顾自己呢？"这场谈话的起始点是"你气色不好"。你不应该顺着这个逻辑往下说，因为无论你怎样解释——什么你没有好好照顾自己，或者你已经好好照顾自己了，你依然处于不利位置。例如，如果你说了一句"嗯，因为我熬夜来着……"那么对方就会说，"你干吗要熬夜？工作没完成吗？"现在你就陷入争论了，不得不自己辩护。

解决办法

既然你的目标不是防守，你就要进攻。这样，你才能以攻为守。遇见来者不善的问题，你可以用一句反问来回敬："你想听什么答案？"

这句话一出口，你可能得到两种反应。一种是："我不知道"，那么你可以接下去说"如果你问了个问题，却不知道想听什么样的答案，那我怎么会知道呢？"

你很可能得到的是另一种更加具体的答案。但现在你有更多线索了。并且，现在回答问题的是他，他成了没有退路的那一个。例如，某人说你年龄不够大，不能做某事。不要回答说："我年龄够大了，因为……"这就变成了自我防卫，他接下去可以对你的理由逐个挑刺。更好的回答是："你觉得多大岁数的人可以干这个？"好比说，他回答说 34 岁。"那好吧，33 岁呢？ 33 岁是不是就太年轻了？"你接下去就这么说。现在，陷入自我防卫的是他，而不是你了！

妙处就在这里。一个人的话越是具体，就越是难以证明这话是对的。例如，他现在不得不说出 33 岁和 34 岁有什么区别。没人能说清这个。当他真的做出回答，你可以继续追问他，比如"为什么你这样认为？"这样一来，你就把他的观点变得越来越具体。

这个方法的用意在于，让他去解释自己的前提是否正确，而不是看你的答案是否正确。在旁观者的眼中，他变得僵硬而刻板，因为他不得不为自己的看法辩护。实际上，不管想法是什么，一旦你试图为具体而微小的细节辩护，就会显得很蠢。

所以，当你碰上某个问题，不要防卫，不要在对方设下的前提下争论。反问对方为什么会有这种想法，让他去解释吧。

如果有人说了句关于你的蠢话，或是对你说了句蠢话，却并不是以问题的形式说出来的，你该怎么办？任何辩护的举动看上去都像是强词夺理，你马上就要开始自我防卫，大发雷霆。但是，你同样可以在瞬间反客为主。

遇上这种毫无道理的话，比如“没了我你什么也不是”，或者“你干的事实在太蠢了”。你可以说：“这话连你自己都不信吧。”再一次，对方要为他所说的话辩护了，你可以跟他争论他的理由是否站得住脚，而不是让他跟你争论你的理由成不成立。

另一个很棒的回答是：“为什么你会这么说？”或者“为什么你看什么都不顺眼？是不是没有一件事能让你满意？”你瞧，正是因为你没有自我辩护，结果现在他不得不撇清自己，而且你根本用不着说出“我”字，因为如果你不把事情扯到自己身上，他就没法跟你争论！

避开一切争论

可是，如果你在争论里不占上风，道理没站在你那边，你只是想快点脱身，该怎么办呢？别着急，这条绝妙的心理学技巧会立即把你救出困境。

如果你不喜欢眼前的问题，就别回答它，换个问题回答。你只要说句“从哪个方面？”或者“你的确切意思是？”这迫使对方重述他的问题，你回答这个新的具体问题就可以了，用不着纠缠原来那个，而且别人完全看不出你是在转移话题。例如，有人问你：“为什么所有员工都抱怨工作条件不好？”你不可能圆满答出这种问题。这就好比问人家你是不是还打老婆一样。无论你答什么都是错。所以，让对方澄清这个问题，然后回答新的具体问题。

“你的确切意思是？”

“嗯，乔斯、弗雷德和我听贝丝说，午餐时间太短了。”现在你知道，抱怨午餐时间太短的是 3 个人，而不是所有的人。这个问题就简单多了，你可以继续缩小问题的范围。

"午餐时间？"你接下去问，"他们希望午餐时间有多长呢？"你可以看到，争论的味道很快就消失了。你又得到了一个新问题，让他处于防御地位，并且让他越说越具体。

再强调一遍，非常重要的是，不要让人家看出来你在回避问题。下面的策略也可以温和地转移重点，不会显得咄咄逼人，并且能够引出更有建设性、更有用的谈话，而这一切过程中没有丝毫自我防御的味道。

遇到一个棘手问题之后，你这样说："我认为你的意思是……"（然后转移重点。）

某人对你说："我认为你没能力管好这家公司。"你可以这么回答："我认为你的意思是，如果我能证明我可以在削减成本的同时增加公司营收，你就会感兴趣的，是吗？"这并不是他原来的问题，但它揭示出了背后的动机。他被迫同意这句话，因为看起来不会再有其他的原因了。现在你可以开始阐述提升销售的策略了，不要再回头纠缠旧问题。

某人对你说："我觉得你一点都不关心我们的关系。"你可以说："我想你的意思是，你受了伤害，我需要向你证明这一切绝对不会再发生。"同样,现在你有具体的事情可说了。要把抽象问题回答好几乎是不可能的。把问题变得清晰具体之后再回答。别中了激将法，试图回答含糊不清的问题。你没可能赢的。换个问题，缩小问题的范围，然后再回答。

咱们再看一个例子。有人问你："你怎么会把事情弄得这么糟糕？"你可以说："如果我正确地理解了你的意思，你是想知道这事里有什么你还不了解的因素。"这不是他的问题了，但这个问题要容易回答得多。

争取时间

最后，如果问题躲不过去，你需要点时间想想该怎么回答，那么就使用"谈话路障"（conversation stopper）吧。这些词句就像是温和的"迷幻剂"。换句话说，它们让对方暂时进入"恍惚状态"，因为他的脑子正忙着搞懂你说的是什么意思。当你需要控制谈话，或是需要整理想法的时候，使用这个策略。趁别人的思维暂时停滞，你就可以整理思路了。

看看这些句子，你会发现它们特别绕，所以对方的头脑就会迷糊上几秒钟，试图搞清楚句子的意思。催眠师向毫无意识的头脑里灌输想法时就常常用到这个技巧。

> 你为什么要问这些你自己都没有答案的事情？
> 你真的相信这些你知道的事？
> 我明白你的意思，但没有证据证明那就是真的。
> 如果你真的希望我相信，你就不会那样说了。
> 你的意思是你就知道会是这个样子的，对吗？
> 你真的知道你在想些什么吗？
> 你是不是没发现你忘了些什么？

总 结

- 绝对不要自我辩护。从你开始为自己辩护的那一刻起，你就已经输了。
- 不要自动地接受对方的逻辑，否则你一开始就会处于不利位置。相反，问问他为什么会这么想。
- 别中了激将法，试图回答对方含糊不清的问题。你没可能赢的。换个问题，或者缩小问题的范围，然后再回答。
- 如果你真的不占理，用用催眠的力量，赢得一些时间来整理思路。

妙招16
如何让孩子乖乖听话

当你的父母权威面临挑战的时候，这些方法能让孩子乖乖听话。

首先需要指出的是，多动症和其他一些行为问题往往是由于身体原因，而不是心理上的。含有咖啡因、糖类或任何可能导致你的孩子过敏的食物（甚至是某些看上去无害的食物，比如小麦、大米或牛奶）都可能引起严重的身体机能失衡。要记住，小孩子哪怕是抿上两口可乐，也会兴奋得好像狂饮了好几罐啤酒的大人一样。如果你的孩子是由于这一类的兴奋而无法集中注意力，哪怕是最有用的管孩子技巧也没用。千万不要低估了饮食对孩子行为的影响。

想让孩子乖乖合作（其实大人也一样），有两个关键方法：让孩子拥有控制感、使用情感策略。在下面的例子中，你可以看到这两个方法是如何协作或单独发挥作用的。

怎么才能让孩子乖乖听你的话？不管是他不肯去睡觉，还是不肯穿衣服，这个法子都特别管用：**给他个选择**。给他一个暗含着合作的选择，让他积极地参与到决定中来。比如，不要对孩子说："你能不能好好坐在桌子旁吃饭？"你应当说，"你是愿意坐在朝着电视的位子呀，还是宁可面对着窗子？"如果你让他有"控制的错觉"，他就会更愿意合作；一旦他做出决定，就会好好遵守。

对大人来说也是一样。研究显示，对囚室环境有一定控制力度的囚犯，例如可以动动家具、选择电视节目、开关灯，他们的心理压力较轻，蓄意破坏的行为也会减少。这个领域内的研究也得出了强有力的结论：如果让工人在工作和决策中拥有一定的自由度，士气就会得到提升。

人，当然也包括小孩子，都需要相信他们对生活有一定的控制权。如果没有，就会导致习得性无助（learned helplessness，习得性无助指有机体经历了某种学习后，在情感、认知和行为上表现出消极的特殊的心理状态。——译者注）的出现，其特征是认为自己对人生中不断重复出现的坏事（甚至是惯常事件）没有丝毫控制权。这会导致人做出破坏行为，引发心理问题。但也要指出的是，如果孩子的自由度太大，没有适当的约束，也会出现很多纪律问题。孩子需要约束和标准，大人需要推动他们，直到达到目标。如果得不到适当约束，孩子的行为就会变得自由散漫，直到有一天碰壁为止。

另一个方法是：**不要企图用逻辑和道理来说动孩子**。如何让他做出对他最有益的行为？把冷冰冰的事实变成让他感同身受的东西。例如，你想让他去刷牙，你跟他解释不刷牙会长蛀牙是没用的。你可以说，刷了牙就可以美美地享受好吃的东西啦。他对蛀牙毫无概念，但肯定懂得好吃的东西是什么意思。

总　结

- 行为问题往往是出于身体原因,而不是心理原因。含有咖啡因、糖类或任何可能导致你的孩子过敏的食物都有可能造成严重的身体机能失衡。
- 让孩子对事情有一定的控制感。如果你让他有“控制的错觉”,他就会更愿意合作；一旦他做出决定，就会好好遵守。
- 使用情感策略。把冷冰冰的事实变成让他感同身受的东西。

妙招17
如何应对性侵犯和暴力攻击

在全书所有章节中，恐怕这一节挽救的不仅仅是心智和自尊，很可能还有你的生命。为了掌握这些心理学方法，我们把它们分成两个大类讨论：性侵犯和暴力攻击。

提醒

如果攻击一方只要东西，例如钱、手袋、珠宝，或者其他任何东西，只要不是你本人，给他就是！这一切都有替代品……但你没有。如果他只是要“东西”，那你可谓幸运了。

对付性侵犯

请记得，并没有万试万灵的简单招数。你需要评估情势的严重程度，做出一切对你有利的举动。下面给你提供一些可供参考的有效方法。

如果你认识他，跟他有过感情关系，或是曾经见过面，你要装出一副感兴趣又兴奋的样子。遇到对方意欲强暴，你唯一的目标就是在受伤之前赶紧离开。最好的办法就是让对方认为你不想走。因此，如果你装出一点感兴趣的样子，欲望旺盛的他多半会认为你真是那么想的。然后，一旦他暴露出弱点，或是你抓到机会，就立即伤害他，并且赶紧离开那个地方。要记住，如果他相信你是愿意的，他的攻击性就不会那么强，行为也会很不一样。这会帮你控制住局面。

人们常犯的错是下意识地拒绝，从言语上、动作上，或两样都有。抑制住自卫的念头。如果你没有表现出自卫的样子，那么他的攻击性就不会太强，他的行动会变慢，会放松警惕，你就有机会脱身了。

要记得，你的首要目标是寻找逃生机会，但如果不行，让他相信你也想跟他发生关系。某些强奸犯真的会认为对方愿意跟他做，因此你用不着多费口舌说服他。只要他认为你不想跑，他就会放松警惕。一旦他松懈下来，赶紧逃开。

除了做出一些细微的肢体动作之外，你要微笑。没错，微笑！这本书里我们多次提起过微笑的力量。这是全球通用的标志，表示你处于舒适的状态，接受目前的状况。向他展露一个大大的、开朗的微笑。

根据你和对方的熟识程度，你可能要给他一个“合情合理的动机”，为什么你想跟他发生关系。如果你的说服力够强，你也可以试着说服他，你想要一次完美的体验，所以你想换个地点，去个更浪漫的地方。

如果你不认识他，你也能试着去“说服”他。假设你可以跟他对话，你应该告诉他，这正是你的幻想，你希望它十分完美。告诉他该怎么做，比如躺下，脱掉你的衣服。如果他依从了，那么你就对情形有了一些控制权。然后，想尽一切方法让他无法伤害你，或者（并且）赶快逃脱。但是要记住：你应当明白，如果强暴行为继续进行下去了，这个方法有可能在法庭上对你不利。辩方律师有可能会利用你的“明显兴趣”，指控你希望发生这一切。

你还可以尽力让攻击方冷静下来，劝说他不要施暴。有些女性仅仅通过告诉对方不要继续，就成功地制止了对方。想要成功，女性必须表现得信心十足，斩钉截铁。你应当直截了当并清晰地告诉他：“不行！现在就住手。”

如果你在家，告诉他很快有人会回家。如果你身处一个更为公共的地方，高声叫喊，尽一切可能造成骚乱。

你还可以通过以下方法打消攻击方的念头：呕吐、排尿、打嗝等等；说你有病，或是有艾滋；装疯，装出神经错乱的样子。

如果你决定搏斗，别怕给他造成严重伤害。哪儿痛就打哪儿。眼睛、腹股沟、喉咙、鼻子等是人身上特别脆弱的地方。要是你觉得自卫有可能会导致对方受伤，千万不要为此感到内疚。保命是你的终极目标。受害人绝不应该感到内疚或羞耻。有时，这是最聪明的做法。

提醒

如果攻击方想带你走，用尽一切手段不要跟他走。研究显示，一旦他把你带到车里，或是把你带离原来的地点，你的安全概率将会大大降低。尖叫、拳打脚踢，尽一切可能不要让他把你带走。最佳的防御策略就是机智地进攻。如果你没有落到这种境地，你就用不着担心怎么处理了。保持警惕，处事要当心。你永远都不知道自己面对的是什么人！

对付暴力攻击：男女皆宜的方法

遵循以下方法，你可以从任何人身攻击中脱身。你的唯一目标就是安全地离开现场。带着受伤的自尊离开，总比脸颊上带着淤青离开要好吧。

假如有人做了件让你不开心的事。但问题是，你不知道他是何许人也。在这个到处有人带着武器和以滋事的态度乱逛的时代，还是小心为妙。聪明人一点就透，用不着多说。如果有人踩了你的脚、撞了你一下，诸如此类的，别管它！他是故意挑衅，想打架吗？是无心之过吗？他是不是看你不顺眼，想要证明他比你强壮呢？他是想向你、向他自己或别人证明什么吗？你不知道，而且最重要的是，有什么要紧？如果你能走开，走开就是了。

如果你认识对方，而且冲突是从言语辱骂开始的，那么你要搞清状况。他这样对你，是因为这样做让他觉得自己很有权力。为了消除他的怒气，你就承认他的“权威和权力”。你只需要说一句：“你是对的，我错了。”然后抽身离开。

如果上述做法奏效不够快，试试这个：赶紧自贬，比他骂你还要厉害。他冲你大喊大叫，是因为他希望你也感受到他的情绪：生气、受伤、挫败、渺小。所以，如果你能让他相信你比他感觉还糟，他嚷嚷也就没什么用了。当你在言语上贬低自己，他就没有对你进行人身攻击的动力了，因为他的自我已经得到了抚慰。

老话说："别跟比你还疯的人吵架。"用尽一切方法，让他认为你是个疯子。尖叫、大嚷、跟子虚乌有的人讲话等。原理是这样的：他想跟你打架，是因为他相信他会赢。不管我们有多生气，也极少会去挑衅那些肯定会暴揍我们一顿的人。如果你的行为出乎他意料，对方会觉得你高深莫测，不知道会做出什么来，没准真是个威胁。他不再掌控局面了，力量感因而变弱。

如果这还不行，那么先下手为强，狠狠地打。不到万不得已，不要挑起争斗。确实没招了再用这个。哪儿疼就打哪儿。眼睛、腹股沟、喉咙、鼻子等是人身上特别脆弱的地方。

总 结

如何对付性侵犯：

- 先忍住自卫的冲动，语言和行为上都不要流露出来。
- 尽力让对方冷静下来，说服他不要施暴。
- 如果你在家，告诉他很快就会有人回家了。如果你身处一个更为公共的地方，高声叫喊，尽一切可能造成骚乱。
- 你可以通过以下方法打消攻击方的念头：呕吐、排尿、打嗝；说你有病，或是有艾滋；装疯，装出神经错乱的样子。
- 自卫。哪儿疼就打哪儿。眼睛、腹股沟、喉咙、鼻子等是人身上特别脆弱的地方。

如何对付暴力攻击：

- 为了分散他的怒气，承认他的“权威和权力”。你只需要说一句：“你是对的，我错了。”
- 自贬，比他骂你还要厉害。移除他潜意识中动粗的动机。
- 对于那些比我们还疯狂的人，我们会躲得远远的。做出出其不意的举动。
- 如果方法都不管用，面对现实吧。那么先下手为强，狠狠地打。哪儿疼就打哪儿。眼睛、腹股沟、喉咙、鼻子等是人身上特别脆弱的地方。

结束语

本书中提供的心理学方法是用来纠正问题的，而不是纠正人。例如，如果你身陷在一段十分暴力的情感关系中，这本书肯定能帮你控制伤害性的局面，却无法解决更大的问题——你为什么处在这种关系里。如果有人利用你，占你的便宜，这本书可以帮你看穿他们，却没法帮你更明智地选择朋友。同样，如果你未加思索地干了件错事，需要别人原谅你，这本书能帮你赢得原谅。但是，如果你总是需要为自己的行为道歉，这本书也没法帮你多想想自己言行的后果，以及你给别人带来的伤害。

如果你发现伴侣十分妒忌，你可以在30秒钟内用一条心理学方法就轻易地击碎对方的妒忌。但是它不能帮你重新审视你们之间的关系，也无法深入挖掘出妒忌的根源。

这本书跟别的心灵自助书籍不一样，是因为它让你用不着费太大力气，就能把生活变得容易。你只需用上心理学技巧，问题就迎刃而解。但是，如果你总是发现自己陷入困境，那么我建议你认真仔细地审视一下自己的人生选择。

在编纂这些方法的过程中，我殚精竭虑地把道德感倾注进去，以“大多数人的利益”为原则。例如，为了免于别人尴尬或情感受伤而撒谎，很可能对所有人都有益。如果略施巧计可以让你免于受伤，或是不被人利用，也是可以接受的。这些并不总是黑白分明的，因此我要感谢我的朋友拉比·亨利·哈里斯帮我澄清某些道德的含义。但是，如果这些方法看上去有违“至高原则”，那它绝不是哈里斯的原意，而是因为我没有讲清楚。

你会发现，总体来说，你的自我感觉变得好多了，生活质量也提高了。这是因为，人们心中大部分的纠结和挫折感是由于不能成功地跟别人打交道，或是没能力处理复杂的情势和冲突。因此，当你开始着手应用这些原则的时候，你会发现崭新的大门向你打开，你对自己和自己的能力都有了更清楚的了解。而且，这种崭新的自我形象能够帮助你塑造出一个自己想要的未来。你不必成为随波逐流的牺牲品，你将能够掌控自己的命运，充分运用生命中最伟大的礼物——自由意志。

这本书是为了帮你找到对人生的控制感而撰写的，随之而来的是难以置信的惊人机会。

如果你肯尝试，它会让你用从未拥有过的方式去帮助别人。如果连我们自己的生活都不顺畅，是很难再对别人伸出援手的。当你手中有了更大的控制力，你就会取得更大的成就，拥有绝妙的自我感觉和人生态度。帮助别人，将会让你的人生迈上一个新台阶。

享受这个崭新的人生吧。

致谢

我十分荣幸这次能够与圣马丁出版社杰出的专业人士们一起合作，同时十分高兴能在此向他们表达我的谢意。

首先，我想感谢本书的责任编辑珍妮弗·安德林（Jennifer Enderlin）。她是那么才华横溢、兢兢业业，我想每位作者都会为能和这样的编辑合作而感到荣幸。我也要把最诚挚的谢意献给圣马丁出版社的公关、市场、广告和销售部的工作人员，感谢你们不知疲倦地工作，付出了那么多心血和汗水：艾莉森·拉扎勒斯（Alison Lazarus）、约翰·坎宁安（John Cunningham）、史蒂夫·卡斯丁（Steve Kasdin）、约翰·墨菲（John Murphy）、杰米·布里克豪斯（Jamie Brickhouse）、迈克·斯托林斯（Mike Storrings）、珍妮特·瓦格纳（Janet Wagner）、马克·科胡特（Mark Kohut）、达林·基斯勒（Darin Keesler）、林恩·科瓦奇（Lynn Kovach）、杰夫·卡普肖（Jeff Capshew）、肯·霍兰（Ken Holland），还有整个百老汇销售部，感谢你们的不断努力。

我还要向圣马丁的出版人萨莉·理查森（Sally Richardson）致以特别的谢意，感谢他为我的工作和整个项目付出的从不间断的热情。我也要感谢文字编辑埃丝特尔·劳伦斯（Estelle Laurence），感谢他杰出的审稿工作。

我也要把最深挚的感激献给我的朋友，拉比·亨利·哈里斯（Rabbi Henry Harris）。感谢他无私的付出和建议，他的睿智思想贯穿全书。我也要感谢我的朋友和经纪人，迈克尔·拉森（Michael Larsen）和伊丽莎白·波玛达（Elizabeth Pomada），感谢他们为这本书付出的心血。

最后，我需要说明的是，本书引用了无数杰出心理学家的研究结果。他们把一生都奉献给了研究工作，以期能更深刻地了解人类的心理。正是因为他们的贡献，这本书才得以诞生。

短信查询正版图书及中奖办法

A．电话查询

1．揭开防伪标签获取密码，用手机或座机拨打4006608315；

2．听到语音提示后，输入标识物上的20位密码；

3．语言提示：您所购买的产品是中资海派商务管理(深圳)有限公司出品的正版图书。

B．手机短信查询方法(移动收费0.2元/次，联通收费0.3元/次)

1．揭开防伪标签，露出标签下20位密码，输入标识物上的20位密码，确认发送；

2．发送至958879(8)08，得到版权信息。

C．互联网查询方法

1．揭开防伪标签，露出标签下20位密码；

2．登录www.Nb315.com；

3．进入“查询服务”“防伪标查询”；

4．输入20位密码，得到版权信息。

中奖者请将20位密码以及中奖人姓名、身份证号码、电话、收件人地址和邮编E-mail至my007@126.com，或传真至0755-25970309。

一等奖：168.00元人民币 (现金)；
二等奖：图书一册；
三等奖：本公司图书6折优惠邮购资格。
再次谢谢您惠顾本公司产品。本活动解释权归本公司所有。

读者服务信箱

感谢的话

谢谢您购买本书！顺便提醒您如何使用ihappy书系：

- 全书先看一遍，对全书的内容留下概念 。
- 再看第二遍，用寻宝的方式，选择您关心的章节仔细地阅读，将“法宝”谨记于心。
- 将书中的方法与您现有的工作、生活作比较，再融合您的经验，理出您最适用的方法。
- 新方法的导入使用要有决心，事前做好计划及准备。
- 经常查阅本书，并与您的生活、工作相结合，自然有机会成为一个“成功者”。

<table>
<tr><td rowspan="8">优惠订购</td><td colspan="2">订阅人</td><td></td><td>部　门</td><td></td><td>单位名称</td><td></td></tr>
<tr><td colspan="2">地　址</td><td colspan="5"></td></tr>
<tr><td colspan="2">电　话</td><td colspan="3"></td><td>传　真</td><td></td></tr>
<tr><td colspan="2">电子邮箱</td><td></td><td>公司网址</td><td></td><td>邮　编</td><td></td></tr>
<tr><td>订购书目</td><td colspan="6"></td></tr>
<tr><td rowspan="2">付款方式</td><td>邮局汇款</td><td colspan="5">中资海派商务管理(深圳)有限公司
中国深圳银湖路中国脑库A栋四楼　　邮编：518029</td></tr>
<tr><td>银行电汇
或转账</td><td colspan="5">户　名：中资海派商务管理(深圳)有限公司
开户行：招行深圳科苑支行
账　号：81 5781 4257 1000 1
交行太平洋卡户名：桂林　　卡号：6014 2836 3110 4770 8</td></tr>
<tr><td>附注</td><td colspan="6">1. 请将订阅单连同汇款单影印件传真或邮寄，以凭办理。
2. 订阅单请用正楷填写清楚，以便以最快方式送达。
3. 咨询热线：0755−22274972　　传　真：0755−22274972
E-mail: szmiss@126.com</td></tr>
</table>

→利用本订购单订购一律享受9折特价优惠。
→团购30本以上 8.5折优惠。